谨以此书献给 1 500 万会计从业人员

会计之道
——会计的逻辑与情怀

马靖昊 著

图书在版编目(CIP)数据

会计之道:会计的逻辑与情怀/马靖昊著.—上海:立信会计出版社,2017.7(2024.2 重印)
ISBN 978-7-5429-5357-5

Ⅰ.①会… Ⅱ.①马… Ⅲ.①会计学-研究 Ⅳ.①F230

中国版本图书馆 CIP 数据核字(2017)第 188562 号

策划编辑　孙　勇
责任编辑　孙　勇
封面设计　南房间

会计之道——会计的逻辑与情怀
KUAIJI ZHIDAO——KUAIJI DE LUOJI YU QINGHUAI

出版发行	立信会计出版社			
地　　址	上海市中山西路 2230 号	邮政编码	200235	
电　　话	(021)64411389	传　真	(021)64411325	
网　　址	www.lixinaph.com	电子邮箱	lixinaph2019@126.com	
网上书店	http://lixin.jd.com		http://lxkjcbs.tmall.com	
经　　销	各地新华书店			
印　　刷	浙江天地海印刷有限公司			
开　　本	710 毫米×1 000 毫米	1/16		
印　　张	15.75	插　页	1	
字　　数	210 千字			
版　　次	2017 年 7 月第 1 版			
印　　次	2024 年 2 月第 6 次			
书　　号	ISBN 978-7-5429-5357-5/F			
定　　价	49.00 元			

如有印订差错,请与本社联系调换

序 一

在"互联网+"时代,人际交流方式日益多样化和便捷化,与此相伴且分类细致的自媒体如雨后春笋般地涌现出来,为社会个体提供了抒发情感、传递爱心、交流思想、传播专业知识的快车道。中国会计从业人员目前在1 500万人左右,超过我国全部人口的1%。我们会计人不仅不甘心、也不可能落后,而且能够创造卓越和辉煌。"马靖昊说会计"微博和"马靖昊说会计"微信公众号就是会计自媒体中的精品,在财经自媒体中亦是挺然翘楚。我们面前的这部大作《会计之道——会计的逻辑与情怀》就是在这两个自媒体发布的内容中挑选出来的"奢侈品"。

常言道,世界上有两件事最难:一是把别人的钱装到自己的钱袋;二是把自己的思想装进别人的脑袋。马靖昊是一匹奔腾的骏马,在自媒体中,尽管有时候也极其严肃地创造会计新思想,一本正经地传授适应社会主义市场经济的那种"不为人知""难为人懂",令外行云遮雾罩的会计"天书",但他给我们带来的更多的是智慧机敏、幽默诙谐、嬉笑怒骂、调侃时弊、交流思想、答疑解惑……为会计与非会计同仁送去精神食粮,看似不经意间,却把他的会计思想以及他对会计思想和会计实务的理解,装进了"粉丝们""博迷们"的大脑,让他们也在不经意间学会了会计,感悟了会计!"马靖昊说会计"的微博和微信公众号也成了他们精神的寄托和家园。无论是形式还是内容,《会计之道——会计的逻辑与情怀》在会计出版界绝对是一种创新,可以预见,它一定会受到读者青睐,马靖昊一定会把自己的思想装进别人的脑袋,并创造社会财富。

有位大学校长曾感叹说,在现代社会,想成为文盲都难。他讲得头头是道,让人听得也服服帖帖。但转念一想,其中的根本原因应该是我们现代社会中存在着太多不可抵挡的诱惑,而人被诱惑的过程实际上就是学习的过程。这里暂且撇开这个"伟大哲学发现"有多么伟大而不论,我只想说《会计之道——会计的逻辑与情怀》中充满了不可抵挡的诱惑!我并不怀疑我们会计业内业外的专家学者、教师、学生、首席财务官、财务经理、主管会计,特别是那些刚刚踏进会计门槛和正在会计门前徘徊的亲们,会不可抵抗地被诱惑,进而有机会体验会计,体验马靖昊表达手法丰富多彩的变幻,以及"天下知识归会计"的会计情怀,体验马靖昊这匹骏马如何在会计科普路上执着地向着前方奔腾……

网络不仅仅是互联网,自媒体也不仅仅是发段子,按易宝支付 CEO 唐彬的说法,那是"一群人的浪漫"。《会计之道——会计的逻辑与情怀》的出版,标志着马靖昊已经一马当先,成为天然的会计大群主,让我们跟他一起笑傲会计、金融和财经之类的江湖,让我们的才情、性格、知识和生活,"浪漫"无疆。

感谢马靖昊先生奉献了一部好书!

清华大学教授

于增彪

序 二

摆在案头的这部《会计之道——会计的逻辑与情怀》书稿,很特别。作为一名学院派学者,我在连年累月的教学和研究工作中,已经习惯于教条式写课本、八股式写学术论文。读到这样生动活泼、甚至轻松调侃的文字,觉得很有趣。

认真说来,会计这个专业、这个行当、这门学科,的确存在不少读来绕口、文字牵强、将错就错的会计概念。譬如,"假账"和"公允价值",当多种会计政策和方法存在,并允许自由选择时,孰为"真账"?若不存在唯一的真账,又谈何假账?至于孰为公允,莫衷一是在所难免。又譬如,"权责发生制",是会计上用几个字凑成的一个新词,实在是令人费解。再譬如,"费用的资本化处理",其真实含义是把流量性质的费用,予以存量性质的资产化处理,却与已经存在常规理解的"资本"一词混淆。上述信手拈来的几例"会计谜词",有些来自翻译者的误解,有些则来自人的认识模糊,还有些或许来自会计界故意把一些词语搞得拗口一些?

会计,既简单,又复杂;既枯燥,又有趣。

自工业革命以来,现代会计得到极大发展,学科体系逐步健全,学科基础理论稳定而扎实。在经济繁荣的商品经济社会,会计作为一门学科受到推崇,作为一种职业也似乎受到追捧。但是,会计远没有如同管理学、社会学、心理学和经济学等学科那样深入人们的生活,影响人们的生活甚至观念。

简而言之,会计中有生活,生活中却不一定有会计。随着我国经济的发

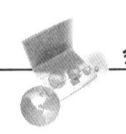

展与繁荣,人们的投资、借贷、节税和理财需求日益凸显,公民财富与日俱增,理财意识日渐增强,这客观上为会计的发展和普及提供了条件,也提出了要求。

能否将会计知识以一种人们喜闻乐见的简约方式传播呢?本书作者在这方面的尝试,很是值得会计人学习。长期以来,马靖昊以诙谐且富有感染力的文字,选取生活意象,撰写了大量的会计文章,称之为"会计之道"十分贴切。

马靖昊的"会计之道"具有如下特点:第一,将会计原则、会计业务处理方法运用到生活中。例如,将一个家庭看作一个会计主体,核算一个家庭的收支,并根据不同的处理方式去理解各个家庭的价值观念;将一对情侣作为两个具有业务往来的会计主体,对情侣间发生的各种收支,从会计的角度去解读各种不同处理方式下的爱情观念;将每一个人作为会计主体,鼓励每一个个体做实人生的利润表,做大人生的资产负债表。第二,对会计上难懂的概念、方法和原则,用生活中的意象去解释,使它们更加通俗易懂。《会计之道——会计的逻辑与情怀》中就有很多经典式解读。例如,书中解释"会计职业判断"时,巧妙地引用莎士比亚的作品,说"1 000 个会计心中就有 1 000 个利润的哈姆雷特",虽说有些夸张,但还是非常形象的。加之这句名言在生活中几乎人尽皆知,其效果不言而喻。

《会计之道——会计的逻辑与情怀》是一本有趣的"生活会计学"教科书。对会计专业人士而言,这是一本能帮助我们在工作中寻找趣味的指南。对非会计专业人士来说,这是一本具有可读性的趣味会计科普书。

边读边想,写下一些感想,算作为序。

北京大学教授

王立彦

序 三

在生活中，人们对数学、语文、物理等词语都只有一种理解，即一门学科。但是，我们对会计，却有三种理解：会计人、会计行业和会计学科。这一方面说明了会计的边界是较为清晰的，另一方面也说明了会计的狭隘与局限。通常，人们对会计工作的理解就是做账，或者再具体一点：填凭证、做分录和编报表。在管理会计、预算会计等现代会计分支蓬勃发展的今天，人们对会计的总体印象依然是"账房先生"。足见会计内容之枯燥，会计工作之单调和会计人员之无聊！

那么会计人真的天生注定只能忝陪末座么？非也，正如马克思所说，经济越发展，会计越重要。会计人大有可为！

经济体系是由各行各业的千千万万个企业构成的，每一个企业都有会计人员，会计人员也是各行各业发展信息的收集者、生产者。会计是现代社会的通用商业语言，会计信息是一扇窥视企业的窗户，而企业又是构成宏观经济的基石，会计人能够生产会计信息，当然能够理解甚至预测宏观经济形势。

古人云一叶知秋，这正是会计人需要的素养，会计人应善于从会计信息中把握一个企业、一个行业进而整个社会经济的命脉，这就需要会计人员树立"大会计"观念，更需要会计人员做个有情怀的人！

在《会计之道——会计的逻辑与情怀》中，马靖昊无疑为广大会计人员做了很好的榜样。

小到柴米油盐，大到住房养老，对当下社会中的热点问题，马靖昊都从

会计的视角做了很好的阐释。例如,他从企业盈利能力和现金流的视角解释了为什么经济下行却并未出现大规模失业的现象。从小企业盈利能力的角度阐释了小企业融资难的悖论;又如,他从会计的角度解释了京东这样的电商企业为什么在毛利率为负的情况下却能独占鳌头;再如,对于当下影视公司高价收购大牌明星的空壳公司的现象,他也从会计的角度做了很好的阐释,可谓寓教于乐。

视野宏阔更需心胸宽广。马靖昊还是一个心系黎民苍生的大会计。《会计之道——会计的逻辑与情怀》中的内容,正是马靖昊这匹骏马的一声声嘶鸣。他在为底层纳税人嘶鸣,在为底层会计从业人员嘶鸣,在为小微企业嘶鸣,在为创业者嘶鸣,在为小企业主嘶鸣!他呼吁国家出台减税政策,为民众、为企业减负!这是多么难得的古仁人志士情怀啊!

总之,读罢此书,爱不释手。

是为序。

中央财经大学教授

袁淳

前　言

对于任何学科,大多数人只能从"器"的层面,也就是从工具运用的角度去理解,因而只能做到"不识庐山真面目,只缘身在此山中"。对于会计,亦如是。作为一名会计从业者,在传会计之道、解会计之惑以及与会计学术界辩会计之理的过程中,我发现会计教学与会计研究工作已经严重脱离了会计实务,典型的后果是一些科班出身的会计人员在会计实务中要么碌碌无为,要么懵懵懂懂。

在本书的第一篇"会计的逻辑"中,一方面,我尝试根据自己多年的从业经验从"道"和"术"的角度对现代会计中部分难以理解的理论、会计处理方法和会计术语进行分析、总结,并以独特的视角、诙谐的语言进行形象化的阐释;另一方面,我试图对现代西方会计进而延伸到西方经济理论在我国特殊国情下的不适用情形进行批判。

受自古以来的"账房先生"观念的影响,大多数会计人员埋头于账表,醉心于计算,缺乏大局观,轻视逻辑,缺少情怀。久而久之,很多会计人员置身于企业管理之事外,对宏观经济更是"无从谈起"。然而,会计信息是一扇窥视企业的窗户,而企业又是构成宏观经济的基石,会计人能够生产会计信息,当然应该能够理解甚至预测宏观经济形势。

在本书的第二篇"会计的情怀"中,我从会计角度阐释了民众福祉、中国企业的税负与当前我国的宏观经济形势。希冀会计人员树立"大会计"观念,从"道"与"术"的角度去学会计,掌握会计的逻辑,进而高瞻远瞩,做一个有情怀的会计人,以"救斯企于水火"的抱负去用会计知识。

在会计科普方面,我不敢说居功至伟,但也可算小有成就,甚至独领风骚。一直以来,我都以能够为基层会计人员传道解惑为荣,更为自己能够一直从会计的角度为民众、为企业家发声而感到骄傲。距离2020年全面实现小康社会只有3年左右的时间了,如今的中国已然实现国强,我想,民富的一天也指日可待。希望政府能够进一步大规模减税,为企业、为个人释压,为中国经济继续腾飞加大"引擎"。

我写作本书的目的是总结和梳理自己在"说"会计的过程中积累的会计心得和会计智慧,以回报一直以来信任我、支持我的粉丝们。在本书中,我也适当地选取了一些我与粉丝们的辩论。立信会计出版社的窦瀚修社长和孙勇编辑一直鼓励我早日完成书稿,本书的出版在很大程度上要归功于他们的辛勤劳动和充分信任,在这里一并致谢。

最后,欢迎广大读者对本书提出建议,我将欣然接受,我会将你们的贡献体现在本书的再版中,相信这一天会很快到来。

马靖昊

目 录

第一篇 会计的逻辑

第一章 领悟会计之道 ················ 3

悟道会计
——静态的文化起源视角与动态的复式记账视角 ·········· 4

财务报表之间的本源关系
——兼谈财务报表分析的逻辑起点 ················ 23

会计五行说
——会计要素之间的源流关系及其相互控制 ············ 33

会计、人生、社会 ································ 37

财会人员能为公司创造效益吗 ······················ 40

会计逻辑六问 ···································· 45

什么样的非财务信息可以用来判断企业陷入财务困境 ······ 47

第二章 运用会计之术 ················ 51

常用会计术语妙释 ································ 52

会计科目的特征 ·································· 61

财务杠杆效用与企业资本结构决策 ················· 65

得 ROE 者得天下吗 ····························· 70

未分配利润、分红与企业的赚钱能力 ··············· 73

实际利率法在会计准则中的运用 ··················· 78

现金管理问题刍议 ······························· 82

所得税会计与盈余管理 ··························· 85

工薪收入分解与职工福利的税收筹划 ··············· 89

视同销售与进项税额转出 ························· 95

资产减值与爱情观念 ····························· 101

第三章 大会计视野看会计术变之财务造假 ········ 105

经典财务造假案例再现与述评 ····················· 106

庖丁解表之剖析财务造假 ························· 114

财务报表造假：资产中的水分就是利润中的水分 ····· 120

公允价值的魔术 ································· 124

财务造假的根源与打假指标 ······················· 131

如何治理上市公司财务造假 ······················· 137

第二篇 会计的情怀

第四章 大会计视野看财务、税收与民众福祉 ······ 143

从中国税收看民众福祉 ··························· 144

为何企业存在雌雄两套账

——兼谈流动性陷阱 ……………………………………………… 147

减税、企业家精神释放与振兴经济 ……………………………… 151

个人所得税应该沦为穷人税吗 …………………………………… 157

税收与环境治理

　　——与众网友讨论 ………………………………………………… 161

房地产税、房价与地方政府债务 ………………………………… 164

增值税的前世今生与表里形神 …………………………………… 171

解读加速折旧企业所得税政策与研发费用加计扣除政策 ……… 177

工资、奖金税几多 ………………………………………………… 182

第五章　大会计视野看当下中国的企业生态 ……………… 191

小微企业融资难吗 ………………………………………………… 192

企业主与打工者的关系

　　——从给逸民表弟的一封信说起 ……………………………… 195

刘强东的绝招

　　——负毛利率盈利法 …………………………………………… 200

某大牌明星的天价估值 …………………………………………… 203

经济下行未必伴随大规模失业

　　——会计视角的解释 …………………………………………… 206

第六章　大会计视野看宏观经济 …………………………… 209

房子、房价与当前经济 …………………………………………… 210

供给侧改革的必要性与措施 ……………………………………… 219

解决养老问题需要延迟退休吗 …………………………………… 224

金融业的社会成本与社会贡献 …………………………………… 227
我国需要发行大面值人民币吗 …………………………………… 230
猪肉与经济学家 …………………………………………………… 234
债转股的资产负债表观 …………………………………………… 236

第一篇 会计的逻辑

第一章 领悟会计之道

大会计,爵有德,封有功,更名茅山曰会稽,会稽者,会计也。

——《纲鉴易知录》

悟 道 会 计

——静态的文化起源视角与动态的复式记账视角

大到治国,小到持家,小会计往往演绎大历史,每个家庭的富裕之路,每个企业的成长之路,每个国家的富强之路,都离不开会计的基础作用。笔者基于会计的产生与发展及其内在规律,探索了会计的哲学,试图悟出会计之道。

人类的原始活动与会计的产生

会计从人类社会一开始就伴随着我们,会计随着人类的经济活动而产生与发展。甚至可以说,会计创造了人类的数字和文字。关于原始人有很多在岩石上刻字、刻画,现代的艺术家们认为这是早期人类的艺术品,是早期人类对艺术的一种感知,一种把握。实际上,在笔者看来,这些都是账簿,这些账簿都是原始人用来记录财产和分配财产的。比如,当时有多少财产、怎么分配、剩余多少产品等事项,就是通过这种石刻、岩画的形式记录下来的。

原始社会的生存环境是非常恶劣的,原始人最关注的事情就是填饱肚子,哪里还有时间来搞艺术?也就是说,原始人通过石刻、岩画等形式记

录和分配有限的食品和财物,这些石刻、岩画其实是原始人的会计账簿,原始人管理财产积蓄,单凭记忆是行不通的,因此,祭司只好通过石刻、岩画的形式记载剩余的财物,这就是原始社会的会计,它促进了文字和数字的产生。

根据笔者的逻辑推断,文字和数字是应会计活动的需要而被创造出来的,也就是说,在一定程度上是会计创造了人类历史。如果这个观点成立的话,那么在旧石器时代就已经有会计了。距今二三十万年之前,那时候的生产已经有了剩余的产品,原始人很聪明,通过石刻、岩画的形式来进行记录,这就形成了我们原始的账簿。

在国外,如两河流域的苏美尔人,他们的数字和文字的产生过程也是这样的,也是应会计活动的需要——记录剩余的产品、分配这些剩余产品而产生的,即记录这些经济活动,促进了文字和数字的产生,我们不应简单地、形而上学地认为,旧石器时代的雕刻和绘画仅仅是原始人类的艺术品。

"会计"二字的由来

会计的起源很早,会计甚至产生于文字和数字产生之前,人类的记录和分配等会计活动,促进了文字和数字的产生。在江浙一带,近代有师爷这样一个群体,想成为师爷,不但要出力献策,还要会账房,所以江浙一带是有会计传统的。在 50 000 年以前的旧石器时代,浙江就有原始人类"建德人"的活动。后来,有河姆渡文化、马家浜文化、良渚文化,这些文化里出现了很多岩刻,实际上就是早期的中国字。后来人们又在甲骨上刻字,大量的甲骨文实际上记载着剩余产品的分配情况。根据这些古字推算,有人认为汉字可能有 5 000 多年的历史。我们现在能够成批地看到的最古老的汉字资料,是商代后期的甲骨文上刻的那些文字。汉字的产生,如果从那个时候开始算

起,距今已有4 000多年的历史了。那么,会计的历史至少也有4 000多年的说法是经得起考证的。

在绍兴的会稽山,早在4 212年前就召开了中国历史上乃至世界历史上第一次会计工作大会。那个时候是我们国家的夏朝,《史记》里面有明证。大禹在会后就病故了,葬在茅山,后来诸侯们经过研究,将此山更名为会稽山。因此,"会计"二字是从浙江产生的。"大会计,爵有德,封有功,更名茅山曰会稽,会稽者,会计也。""会计"二字就是这么来的,其产生跟江浙一带是有密切联系的。后来,秦朝时浙江设立了一个会稽郡,会稽人王充在《论衡·书虚篇》中引吴君高之语:"会稽本山名。夏禹巡狩,会计于此山,因以名郡,故曰会稽。"

孔夫子与会计

伟大的教育家、思想家孔子曾经当过仓库保管会计,可以说,从事会计这个行业是一件非常光荣的事情。张连起先生说,孔子在年少时,生活比较困苦,干过很多杂活,如扫地、打柴、推车、洗衣和挑担,但他在这种艰苦的环境下,学会了会计的本领。

会计是孔子的第一份工作,这份工作为他娶得起老婆、养得起娃打下了经济基础,他当时在鲁国季孙氏家里担任了一个委吏,用现在的话说就是管理仓库的会计。孔子并不嫌弃这个职位的低下,因为毕竟可以养家糊口。他勤勉尽责,使自己的会计能力得到了充分的展示,史料证明,他将会计、出纳工作做得井然有序。

由于孔子有这些会计的实践经历,他将会计的定义归纳得非常好,他说:"会计当而已矣。"这是孔子对会计的定义,一个"当"字,就把"应当、适当、恰当"这些会计的本质属性全部涵盖在内了。作为当代的会计、审计人员,我们应该从孔子那里传承一些会计人文"香火"。

第一章
领悟会计之道

"钱"道与会计平衡

会计之道实际上最终可归结为"钱"道。可以毫不夸张地说,脱离了"钱"字,会计的道路可能就会支离破碎、面目全非,我们在实践中一定要把握这个钱字。

延伸一点来讲,历代文明之间的冲突都与钱有关,人和人之间的冲突最终也是与钱有关联的。

在冷兵器时代,人类社会靠战争来进行资源的重新分配,所有的战争,无非就是资源,也就是钱的重新分配过程。虽然现代社会各个方面文明程度都提升了,不过,人类的战争无处不在,只是形式不同罢了,现在是侧重在金融领域搞货币战争,这当然也是与钱有关的。

美国的金融体系为什么能那么发达?美国华尔街那么一小撮所谓的金融精英,通过制定和修改会计准则,将这所谓的金融产品,如次级债产品包装起来,卖给全世界人民,这就需要会计准则的配合。让这些不值钱的东西更有价值,把不值钱的东西变成值钱的东西,那就要改变会计上的历史成本原则,只有突破了历史成本,才能够去改写资产的价值。所以就有一个公允价值准则,它实际上是为美国华尔街掠夺全世界财富服务的,也就是说,人类社会的问题,终极上,其实也是一个会计问题,即钱的问题。

任何学问最终都要上升到哲学的层面,只有站在哲学的高度,站在道的高度,才能够真正去把握它、领悟它,这就是所谓的开窍。开窍就是悟道,悟到了道就开了窍。

会计其实也是一门哲学。网上有一个流传很广的段子,说每个门卫、保安都是哲学家。为什么?因为他每天都会问人三个终极问题,也是我们小时候生下来就一直在问的:"你是谁?你从哪里来?你要到哪里去?"套用在会计上,"你是谁"就是要对每项交易、事项进行确认,也就是说我们要给它

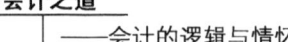

起一个名字,要将它归到一个项目里,那就是会计科目;"你从哪里来"就是资产是从哪里来,钱是从哪里来的;"你要到哪里去"就是钱用到了什么地方,进到什么项目里。

既然已经将会计上升到这个层面,那么就要用道来解说会计了,这就是会计之道。

用老子的话来讲,我们学一样东西,要想真正学到家,就要学会用它来进行思考。比如,我们学老子的文章,那么我们就要用老子的思维去思考。又如,考试,我们就要从命题人的角度去思考,也就是说我们一定要转变自己的思维去趋同命题人的思维,这样,我们才能学会考试。再如,我们要将会计真正学到家,那我们应该要有会计的思维。

从道的角度来解读会计的话,可以将会计总结为一个"钱"字,也就是"钱"道。所有的会计要素都要以钱为中心展开。

但是我们目前的会计体系,也就是近百年来的会计体系,走入了一个误区。财务报表告诉我们的信息,可以说是没有太大用途的。可能没有哪个企业老板会说:"我要了解一下企业赚钱的情况,把利润表给我看看。"他要了解的是,账上还有多少钱,有多少钱未来可以收回来,有多少钱可以用于购买原材料,还有多少钱可以用来发工资。他是围绕钱来思考问题的,而不是问企业还有多少利润,问还有多少利润没什么用处,至多能够了解一下未来的盈利能力,利润可以用吗?赚很多利润,可能根本就没有用,因为它不完全是钱,也就是说我们现在的财务信息是支离破碎的,反映不出我们真正所要的"赚钱"的信息。

因此,不少企业有外账也有内账,因为我们现行会计体系是以发票来扣税的,有时没发票但是确实有真实的业务,有时有发票但是业务又不符合相关规定或者发票根本就是找来充数的,那么会计账上反馈的信息能全面吗?况且我们没有收到钱也可以确认收入,没有将钱花出去也可以确认费用,这是现代会计的一个重大缺陷。也就是说,把会计的核算结果跟现金流隔离

第一章 领悟会计之道

开来了,企业的利润跟现金没有什么关系了,是这么回事吗?

老子《道德经》有云:"道生一,一生二,二生三,三生万物,万物负阴而抱阳,冲气以为和。人之所恶,唯孤、寡、不谷,而王公以为称。故物或损之而益,或益之而损。"

为什么说道生一?就企业来讲,做企业最重要的是要有资本,资本是什么?就是钱,它可以衍生为资产,也就是道生一。通俗地讲,资产就是能够给企业带来更多钱的东西。如果一样东西不能给企业带来更多钱,或者说根本就不值钱,那它还是资产吗?我们看资产,就要看这个资产值多少"钱",那么我们分析财务报表就很简单了。所谓分析资产的质量,就是分析这些资产值多少钱。这样,很多会计概念理解起来就容易了,如资产的折旧、减值,理解起来就很简单,为什么要有这些提取活动?因为它不值那么多钱了。那么,基于同样的道理,判断利润的质量我们也是要看利润的含金量,所谓的含金量就是含钱量,是不是?

一生二,就是应从形态和来源两个角度考虑资产,也就是说资产等于权益这是一个对立统一的关系,所有的事物都有一个对立统一的关系。

二生三,就是权益可以根据由债权人还是由股东提供,分为债权人的权益和所有者的权益,也就是资产等于负债加上所有者权益。

老子《道德经》中讲的三生万物,在会计上,就是说资产、负债和所有者权益三个要素再加上那些动态的会计要素(又可以分为收入、费用、利润),一共六个会计要素。六个会计要素又可以根据需要作细分。比如,资产又可以分为流动资产,流动资产又有存货,存货又有产成品,产成品又是什么东西呢?它可能是手机、电脑,也可能是其他的一些产品。凡是能以货币计量的项目,都可以反映到会计要素里面。

那么会计反映的到底是什么呢?是可以以货币来计量的东西。不能以货币计量的东西,属于经济范畴,它脱离了会计的范畴,但是目前的会计体系在很多时候已经突破这个会计的范畴了。

在所有的会计要素中，钱，也就是货币资金，是最重要的，这个大家都知道。一个企业要是没有钱，它就没有营运的物质基础，其他的生产要素也不会产生。企业要用钱买原材料、买机器设备等固定资产，才能开始营运。企业营运最终的目的是什么？是通过销售产品赚回更多的钱。

那么，我们可以把资产理解为能够变成钱的东西，把负债理解为需要还的钱，股东权益就是两者相抵后剩下的钱。也就是说，自有的钱减去需要还的钱，剩下来的就是股东的钱。对于收入，要把握钱的净增加额，要注意到有些收入在会计上被确认为收入了，但是企业的钱并没有增加，因为会计核算可以把钱和收入成功地隔离了。费用是钱的净消耗，不过，也要注意到目前有些支出在会计上被确认为费用了，但是企业的钱并没有减少。利润本质上是赚到的钱，也就是说现金流入与现金流出的差额，它直接反映钱的运动，不过，目前利润的构成很复杂，很多不是钱的东西都被"塞"进利润了。

"万物负阴而抱阳，冲气以为和"，资产负债表中资产为阳，它是资金的占用，权益（也就是负债和所有者权益）为阴，它是资金的来源。企业拥有或控制资产以进行经营，也背负着对债权人和股东的义务，债权人需要还钱，股东需要分红分利。"冲气以为和"，说明各会计要素可以相互转化并始终保持平衡。为什么？有了钱之后为了生产，就要将钱通过采购转化为原材料，是不是保持平衡了？你用了多少钱，进了多少材料，进了多少固定资产，等等，都是对应的，都是保持平衡的。

"借贷"与"左右"

在复式记账法中，我们都遵循"有借必有贷、借贷必相等"的记账规律，借可以视为阳，贷可以视为阴，换个记账符号也未尝不可。"故物或损之而益，或益之而损"，在记账时，一项会计要素的变化，会导致另一项会计要素发生相应的变化。为什么很多人觉得会计好像很神秘，实际上是"借"和

第一章 领悟会计之道

"贷"两个字闹腾的。其实"借"和"贷",只是记账符号而已。记账要解决什么问题?比如,对于现金、固定资产,我们要解决的是它的增增减减问题;还有负债,增加了多少负债,还了多少负债,也是解决负债的增增减减问题,而不是解决"借"和"贷"的问题。

"借"和"贷"只是记账符号,但在披上"借"和"贷"的外衣之后,就令人头晕了。笔者想用自己发现的"左右手记账规律"帮助大家从思维上抛掉"借"和"贷"两个字,"借"和"贷"只是会计准则规定的记账符号。

笔者常听别人说:"哎哟,你们会计很复杂,账是怎么整的?如何才能读懂财务报表?"好像会计还真是一门高深的学问。实际上"借"和"贷"两个字,是民国时期的两位会计学家,一位是谢霖,另一位是孟森,将日文中的"借"和"贷"两个字用"拿来主义"的方式直接引入中国的。他们两位是留学日本的学生,日文里面的"借"和"贷"跟英文里面的意思是一样的,不会引起歧义。但是在中文里面,"借"和"贷"是同义字,借钱和贷钱有什么区别吗?我们中国学生学"基础会计"课程至少得学1个学期、50多个课时,实际上就是为了搞清楚"借"和"贷"两个字。所以,"借"和"贷"两个字就把会计搞得神神秘秘的,这是很可惜的。

很多人听不懂会计语言,要提升会计的地位,一定得让外人听得懂会计的语言。这样,在经济领域,才会有我们会计专家的发言权。一个人搞懂了微观就很容易搞懂宏观,经济业务的账都会做了,还会不懂财税体制改革吗?会计人员在微观领域从账的层面都能处理经济业务,再去理解宏观层面的财税体制改革,是不是更容易、更有优势?

实际上我们如果把"借"和"贷"分得非常清楚的话,理解会计处理就会相对简单。财政部制定的会计准则、会计制度都告诉我们做账的借贷分录了,只要我们能看懂借贷分录就能很清楚地理解这些规定。我们如何才能看懂借贷分录呢?很多时候,大家纠缠于"借"和"贷"两个字,纠缠于为什么记"借",为什么记"贷",我们一定要问问自己,我们的借贷分录是要解决什

会计之道
——会计的逻辑与情怀

么问题?它要解决的实际上是某个科目的增加和减少的问题,而不是解决"借"和"贷"的问题,这是问题的关键。我们一定要从思维上把这种状况扭转过来。笔者为了抛弃"借"和"贷"两个字,曾经尝试用"来去""取予""起止""始终""出入""上下""阴阳",甚至"黑白"等取代"借贷",但是自从和汪致正、汪一凡两位先生交流之后,我便在两位汪先生提倡的左右记账法的基础上,成功地发现了"左右手记账规律"。

我们的账户类似一个"T"字,分为左边和右边,我们记账时有的时候记在账户的左边,有的时候记在账户的右边,实际上是要解决账户的增减和方向这两个问题。什么时候记在左边,什么时候记在右边呢?这个就是左右记账法,它直接把借改成左,把贷改成右,形成了"左右记账法",它将"借"和"贷"两个字完全抛掉,用"左"和"右"两个字取代了。这在会计实务中是行得通的。但是,由于会计准则规定了必须采用"借"和"贷"这两个记账符号,所以笔者认为"借"和"贷"两个字还是要保留的。那么在保留的情况下,如何让大家有所突破呢?有一天笔者坐在沙发上,突然灵光一现,想起了物理学上的左右手定律,马上伸出双手,一看自己的这双手,就想到会计上的借贷记账法完全可以与我们的双手结合起来,并且,可能会使会计基础教学发生革命性的变革。

下面举例说明一下会计上的左右手定律。比如,最简单的"资产=负债+所有者权益"的会计等式,大家肯定很清楚。现在左手负责的是左账户,所谓的左账户就是资产类账户,"资产=负债+所有者权益",资产是不是在等式的左边?负债和所有者权益是不是在等式的右边?右手负责权益类账户,也就是负责负债类和所有者权益类账户。

这样的话,我们的左右手天然就是一个记账符号,非常简单。你看,当手心朝上时,左手的大拇指是在左手的什么地方?左边;左手的小拇指是在左手的右边。右手呢?右手的大拇指是在右手的右边;右手的小拇指是在右手的左边,那么大拇指是不是显得大而小拇指是不是显得小?我们可以

第一章 领悟会计之道

根据这个大小来判断,大的(大拇指)代表增加,小的(小拇指)代表减少。比如,资产的增加记在什么地方?资产的增加,资产哪一只手管?左手管,资产增加,哪个手指大?大拇指大,记在左边吧?左边代表资产的增加。资产的减少呢?是不是记在左手的右边,因为资产是归左手管,资产减少就记在左手的右边。那么对资产而言,右边就是贷,左边就是借。

所以,当我们看不懂会计制度时,把手摆出来,就完全清楚了。比如,负债的增加记在什么地方?右手的什么地方?右边,右边是大拇指大。还了债呢?是不是记在左边?因为小拇指小。又如,贷款,企业从银行里面借了钱,资产增加了,负债是不是也增加了?你看,是不是一个记在左手的左边,一个记在右手的右边。要是还了钱呢,资产减少了吧?负债是不是也减少了?是不是一个记在左手的右边,一个记在右手的左边?再如,全部是资产类的同类账户的话,就一增一减,摆出手来,就全部都清楚了,方向还会搞晕吗,对于权益类的同类账户的一增一减,也是同样的道理,非常清楚。

这就是会计上的左右手定律,以后我们看分录的时候,特别是以后看财政部出台的会计准则、会计制度时,里面的核心内容就是借贷分录,你要是不懂,就伸出手比照比照,就会清清楚楚。因为我们要解决的就是一个账户的增减问题,而不是解决借贷问题,不要在"借"和"贷"两个字上纠缠。对于资产,左手的左边就是增加,右边就是减少;对于负债,右手的左边就是减少右边就是增加,天然对应。

掌握了左右手定律,对于没有学过会计的人,学习"基础会计"课程通常需要的50多个学时可以缩短为三四个学时了。对于一个小企业,它的业务不是很多,小企业会计制度都已经告诉我们该怎么记账了,我们再根据左右手定律,什么地方增加,什么地方减少,就会清清楚楚,现在又有会计软件,只要会记凭证上的分录就行了,其他的,如账簿、财务报表都是可以自己出来,你说会计难吗?如果难的话,只是思维上的难,而不是会计

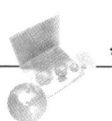

的难。

对于财务报表，只要围绕"钱"字出发，理解起来也会很简单，就会清清楚楚、明明白白，我们所有的人都能看懂财务报表。笔者感觉掌握"左右手记账规律"以后，就会做账了。

会计资料由单、证、表组成。单就是单据，有外来的，也有自制的，如发生业务了，就会取得发票。证就是记账凭证。表就是财务报表。那么单据的收集、填制、审核就相当于做饭前的买菜、清洗、切菜过程。记账凭证就是配菜，怎么配，就是怎么找到某个会计科目去记录该笔交易或事项，这个会计制度都已经告诉我们了，这好比菜谱。至于财务报表，就是炒出来的一盘菜，供谁吃呢？供总经理、董事会、税务局、投资者这些人吃。

有一次在酒桌上，一位自称懂风水的人，唠唠叨叨了半天，搞得大家云里雾里，笔者只好告诉他，其实风水无非就是两个字"平衡"，要是失去了平衡就风水不好，所有的东西都这样，平衡才是最美的。所谓看风水，就是看某个地方是不是平衡的。我们的内心世界也是一样的，我们得到了平衡，就是一种美的享受。会计人每天记账、编表都是为了平衡，所以会计人其实最懂风水，搞会计的都是"风水师"。

再联系一下现实，用会计平衡观给大家说说什么是成功。成功并不只等于工作上的成就，也根本不应该只是银行存款的增加，真正的成功是生命的一种平衡状态，也就是说兼顾生活的方方面面，有工作也有休闲，有爱情也有自己，有财富也有健康。这些也就是生活中的任何两面，我们一定要找到那个平衡点，才能成功，才能找到我们真正的幸福。会计，其实跟生活是密切相关的。

以"钱"道论财务报表

经营企业，赚取利润，最终是要回归到"钱"这个原点的。会计要讲平

第一章
领悟会计之道

衡,哲学要讲平衡,人类社会的发展更要讲平衡,如果没有回到原点,都会出问题。在会计上,目前的会计体系强调的是利润,但是有利润你能用吗?做过会计的人知道,企业老板看到财务报表上有利润,他要钱却得到"没有"的回答后,可能会咆哮:财务报表上不是有那么多的利润吗?但是做会计的人就知道,有利润却没钱,这是很正常的。不过,也不能说利润和钱没有一点关系。因为利润可以分为很多种,有现金利润,有应计利润,有债务重组产生的虚拟利润,还有外来的利润(也就是政府补贴),另外还有资产增值的利润(也就是资产的持有利润),而这些利润中只有现金利润与现金有关。

对于很多盈利的上市公司,大家都会说,公司账上不是有那么多盈利吗?为什么不分点红,非得做一只"铁公鸡"?很多人不懂利润的真实含义,就会指责上市公司管理层太抠,舍不得分红。实际上,可能这些上市公司有苦难言,拿什么来分红呢?比如,利润大部分沉淀在应收账款里面,沉淀在所谓的资产增值里,沉淀在债务重组里,你叫它拿什么来分红?因为分红就得要拿出真金白银,这就是"铁公鸡"的难言之隐,为什么说有的上市公司,在账面上很多年一直表现为盈利,但是在分红上却是"铁公鸡"一只,其实真正的原因不是它真小气,是它真的拿不出钱来。原因很简单,利润是可以"做"出来的,现钞却不能用假币。目前至少有100多家上市公司,超过10年,没有以任何形式对投资者进行分红,这些"铁公鸡"盈利了,但真的没钱。所以说,笔者一直强调一定要围绕钱来分析企业财务报表,对所有的盈利,要看它的质量,也就是含金量。盈利的含金量也就是其中沉淀的货币资金,这才是真正可以用来分红的利润,如果没有含金量的话,或者根本没有赚多少钱的话,账上有再多的利润,又有什么用呢?不过,除了没法分红之外,利润有用的地方还是很多的。比如,可以再去帮企业圈钱、可以提升股价、可以避免"披星戴帽"。

利润是什么?利润不是"好人",为什么这么讲?因为有了权责发生制后,利润就摆脱了现金流的束缚,它跟现金流没有太大的关系了,如应收账款就可以计入利润中,是不是?那么要多少利润就可以有多少,不就是只要找一个"托"吗?所谓的关联交易非关联化,是指现在上市公司或者说其他的一些企业,如果要把利润做大的话,也不会通过存在真正的法律上的关联关系的关联方去实现,它完全可以找几个在法律上没什么关联的"哥们"来配合,这就叫关联交易非关联化。从法律上看,它们根本就没有关系,但它们真是"哥们"、是"托",这不就行了吗?需要多少利润,只要记这么一笔账:记应收账款增加,再记收入增加,再交点增值税,就可以要多少利润就有多少。并且我们还可以对开发票,背靠背交易。对开发票,就是我给你开一张,你给我开一张,背靠背交易就是这样的。

通过公允价值使资产增值也可以产生利润,这样的话,产生利润不用依靠经营活动,等着资产升值就可以了。金融资产还有投资性房地产,就是我们会计上几项允许用公允价值计量的资产,如某栋楼,它是用来出租的,属于投资性房地产,如果它升值的话,按目前的会计准则就可以改写资产负债表和利润表,我们为什么在资产没有实现增值之前就要改写财务报表呢?实际上是为了满足上市公司做大利润的需要,这就是我为什么说他们总是那么急不可耐地去提前确认损益。实际上,资产升值了在附注中进行说明就可以了,等到它真正处置的时候,它的增值才实现。大家都知道,会计准则强调不能提前确认收益,实际上,在公允价值计量属性下,收益没有实现也可以确认,为什么?交易性金融资产升值了,虽然没有对它进行处置,但是它的增值已经记录到利润表里,影响了企业损益,影响企业的资产了,我们为什么要这么做?我们难道不能等到处置的环节来处理这些损益吗?资产的流转无非是购入、持有和处置三个环节,我们在持有的环节就去处理资产价值的增增减减,急于将其体现到利润里,你说价值的起起伏伏有用吗?没有用的。

债务重组更是这样,赖账都可以赖出利润来!债务重组的概念其实是很简单的,债务重组实际上就是"我欠你的钱,我现在没有这个实力还,我说你能不能做点让步"。比如,一家上市公司欠了银行1.5亿元,它有一栋破楼,大致值3 000万元,它说,我们来做一个债务重组。你肯定会问,那家银行怎么会那么傻,企业欠银行1.5亿元,怎么可能用3 000万元那个破楼就给抵了? 实际上,谁都不傻,为什么? 因为我们现在经济生活中有很多阴阳合同,阳合同就是明面上的债务重组,阴合同就是一个桌底下的协议。比如,他们达成一个债务重组协议,约定第三年的时候,那家上市公司再用1.3亿元把这个楼给买回来,当然不一定是他自己买回来,也可以安排关联方把这个楼买回来,是不是? 所以,对于债务重组协议,我们要看几年后到底会发生什么事情,就能明白当时为什么进行债务重组了。

现在不少上市公司的控股股东占有上市公司资金,虽然证监会一直明令不能这么干,但想办法绕个圈子占用的还是大行其道。比如,上市公司把钱打给供货商,绕几道程序,供货商再打给上市公司的控股股东,本质上还是占用上市公司的资金。所以说最重要的,还是"钱"这个字,搞清楚了它的来龙去脉,就基本上抓到了主线。

审计也是这样的,审计就是审钱,如果说不懂审钱这个"道"的话,就不要去审计了。财务分析也是分析钱,不分析钱的话也就不懂财务分析之"道"了,你说天天计算那些指标是不是很累? 最重要的是脑袋里一定要有一个钱的概念。

由于利润不是"好人",所以就有下面的故事,利润就是谁想怎么"定"就怎么"定",想给税务交多少钱的税,就"定"多少利润,想到银行贷多少钱的款,就按照银行的贷款考核指标要求,"定"出比较合适的利润,全是这样的思维。招投标也是一样,证监会所有的考核指标都是围绕利润的体系来的。

目前这个以利润作为考核指标的会计体系,要多少利润都能往里加,加利润的结果反而会损害现金流,因为虚增的收入和利润是要交税的。

有些企业有巨额的未分配利润,却没钱分红,这与有些企业有很大的利润却没钱分红的道理是一样的。因为我们赚的利润,是要结转到资产负债

表里面的未分配利润中的,这样看未分配利润的时候,我们就要有这么一种思路:要分析未分配利润里面到底是什么东西。可能是应收账款,可能是应收票据,可能是交易性金融资产,也可能是投资性房地产,等等。也就是说,利润和未分配利润大,并不代表企业有钱。不去思考这些的话,我们读财务报表的时候很有可能就会产生这样的疑问:有那么多的未分配利润,为什么不分红呢?不过,虽然它分不了红,但是它可以做其他的,如增加盈余公积,因为这个相当于改个名字,它又不需要拿出什么,分红是要拿出真金白银的,其他的只是换一个名字,改一个科目而已。

因此,一切从钱这个角度出发去理解,就容易多了,包括对财务报表的理解也应是这样的。从钱的角度去理解,看财务报表的时候,基本上可以顺带完成财务分析。所谓的财务分析,就是要判断财务报表的真实程度有多大。对于资产负债表,最重要的就是看左边的资产方。对于负债和所有者权益方,如果企业想动一动其所属项目也是不容易的,因为负债涉及第三方。对于资产方,由于资产是其把控的资源,会计可以根据自己的职业判断创作,"我的地盘我做主"。所以,所谓的财务报表造假,90%以上是发生在资产方,很少发生在负债方,为什么?资产方是"我的地盘我作主",负债方如果要造假,要先沟通交流,底下要有债务重组协议配合等。

那么我们从钱的角度来看一下这些财务报表。从钱的角度,什么是存货?钱压在货上、商品上,就形成存货。现金是什么?钱放在保险库里面就是现金了。什么是银行存款?钱放在银行里面,叫银行存款。那么什么是应收账款?我给了你东西了,钱还在你手上,这就是应收账款。什么是应付账款,就是你给了我东西,我钱还没有付给你,这就是应付账款。

钱用在设备、厂房上面叫固定资产。钱用在研发上,并有成果,就是无形资产。钱是投资者投入的,那么就记到实收资本和资本公积里面去,为什么会记到资本公积里面?因为有一家企业要是经营得好,你后来想加一棒,如你要占10%,按10%的话,1 000万元的注册资本是100万元,到时候你肯

第一章
领悟会计之道

定要掏出300万元、500万元甚至更多,人家才愿意让你来,这就是资本公积的概念,它是资本的溢价。

钱投到别的公司,就是长期股权投资,那么我们分析时就可以追踪,因为这个钱有可能是某些上市公司通过长期股权投资去洗钱,最后再来一个全额计提减值准备,一冲了事。

钱如果是借来的,1年之内需要还的就是短期借款,1年以上才要还的就是长期借款;钱是占用内部员工的,就是还没有发工资,就形成应付职工薪酬。钱是赚来的,那么放在盈余公积、未分配利润里。

钱自由自在地放在银行里面,就是银行存款,"自由自在",就是说存取方便,被银行冻结了的话就要转到其他长期资产了。很多时候我们看上市公司的财务报表,会感到疑惑:你们有那么多的货币资金?怎么还要借那么多的钱?出现这种情况,很可能就是钱被冻结了,不能用了,所以它还要不断地借钱,不能用的钱还放在货币资金里面是不对的,应该放在其他长期资产里面。

钱已经花出去了,但是要几个会计期间才能够摊销完,就是长期待摊费用。

钱放在股市债市里面,就是交易类金融资产、持有至到期投资、可供出售金融资产。这些名字是直接从西方翻译过来的,大家也不要觉得理解起来费劲,其实就是以前的短期投资、长期投资。

那么我们怎么来分析资产的质量?钱压商品里面,商品里面压的这些钱到底值不值那么多钱,不就是资产质量分析吗?钱在别人的手上,我到底能收回来多少?钱压在厂房、固定资产里面,到底这些厂房、固定资产还值不值那么多钱?搞清楚了,是不是资产的质量就分析出来了?所以说我们一定要围绕钱进行思考。

该怎么看利润表呢?看到营业收入,马上就应该想到在资产负债表上,它对应货币资金和应收账款项目,分析营业收入里面含了多少应收账款,含

了多少现金,营业收入的含金量就出来了。我们看财务报表,看什么呢?到底是看财务报表中的数字还是看它里面到底是什么东西呢?

营业成本就是由于销售活动从资产负债表里面转走的那些存货的价值。转走多少存货,是不是应该转,转多转少等,都是我们应考虑的问题。企业会不会为了操纵利润,滞后转、提早转,这就是一个关于营业成本真实性的问题。那么,通过什么可以分析出来?毛利率。毛利率就是营业收入减去营业成本除以营业收入的比值。因为一般企业的毛利率基本上有一个相对稳定的数值,如果说某家企业的毛利率出现了很大的波动,跟行业平均值差距很大,这可能就有问题了,可能存在多转少转了成本的问题,是不是?或者是虚增收入了,虚增收入是需要关联方配合的,所以我们要将这些东西都结合起来考虑。

税金及附加,是做生意的流转税,做生意要留下过路钱。只要有收入,只要有流水,就得交税。而所得税是你有了利润才要交的。

销售费用、管理费用和财务费用很简单。销售费用就是跟销售有关的费用,包括销售人员的费用、广告、运输费等。管理费用就是管理人员发生的费用,很多时候我们会患上一种思维障碍,在看财务报表的时候,如果我们有一个常识,知道一些平均值,当财务报表数字与平均值背离时,我们要分析具体原因。

财务费用,一般就是借钱发生的利息费用。

资产减值损失,因为资产要是减值的话,就不值那么多钱了,资产减少了当然是损失,这个会影响利润。

公允价值变动收益,实际上就是持有的资产价值增增减减的问题,因为在目前的会计体系下,有些资产是要用公允价值来核算的。但是我们要清楚,公允价值变动收益是没有实现的损益。我们学会计的时候,会计理论一再告诉我们,对没有实现的损益,不能确认。但我们目前对公允价值变动收益的处理,是不是在提前确认损益?这就是说,会计体系本身就有矛盾的地方,在理念上我们一直排斥提前确认损益,但是在实践中,又将没有实现的利润提早确认了,资产还没有处置,在持有期间就确认损益,是不是提早确认了?

关于营业外收入。某些上市公司,通过正常的经营活动没法盈利,那怎么办? 那就只能指望政府了,通过财政补贴盈利。我们要知道这些钱的性质,它记到营业外收入里,那么我们就知道这些利润是政府给的,不是企业经营产生的。按照笔者的观点,这一块补贴最好是记到资本公积里。至少政府出了钱,最后留了个名吧。留名的话只能在资产负债表里面留,利润表里面怎么留? 留在利润表里面,到年终的时候会结转的,是不是? 利润表涉及的是虚账户。虚账户就是收入、费用这些账户,资产、负债这些账户就叫实账户。为什么有虚账户? 我们要思考这样的问题,为什么大家觉得编制现金流量表复杂而没觉得编制利润表复杂呢? 编制现金流量表真的复杂吗? 不是的,是因为我们目前的会计体系没有设计出一套现金流量表科目,如果我们在记账的时候,将涉及现金的交易,都单独记了一套账,那么编制现金流量表与利润表一样,只要汇总一下,多简单。现在编制现金流量表,相当于把1年的工作量放在一两天中来完成,当然是很难了。

关于财务分析。真正的财务分析就是围绕钱进行的分析,主要有三个部分:一个是资产的质量分析,一个是利润的质量分析,还有一个现金流分析。对于资产质量的具体分析,是要搞清楚资产到底值多少钱,资产中有没有水分,水分是什么? 比如,资产负债表里面要不要记收入和费用,大家的回答肯定都是不要记,因为资产负债表里如果记录了收入和费用,那么资产负债表中的水分就是费用,这就是资产造假;资产负债表中的预收账款,很有可能不少是没有及时结转到利润表中的收入。这一点在房地产企业表现得更明显,其收入情况必须结合资产负债表中的预收账款进行分析。

对利润的质量分析也是一样,应围绕钱进行。比如,我们看到营业收入的时候,马上就要想到,它对应到资产负债表里面是货币资金和应收账款,

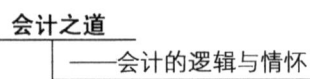

那么它的含金量是多少？用销售商品、提供劳务收到的现金除以营业收入，就是它的含金量。那么经营利润的含金量是多少？简单来讲，就是经营活动产生的现金流量净额除以经营利润。财务分析没有绝对的正确，我们所要分析的是它质量的情况到底如何。

要更准确一点的话，可以做一些调整，将经营活动产生的现金流量净额加上投资收益收到的现金，就是取得投资收益收到的现金，再减去财务费用，然后，加上长期资产盈余的现金，得到的就是净利润的含金量，净利润的含金量除以净利润，就可以判断净利润的质量。也就是说，我们只有围绕钱才看得清楚，不围绕钱的话，看财务报表就云里雾里。

审计也是围绕钱来审的，不审钱审什么？从钱的角度，笔者一直建议，把审计改成审钱，把查账改成查钱，查清楚现金流才能搞清楚账表是不是存在财务造假的舞弊行为。任何不以现金流为核心的审计都是"假把式"，因为它不是审钱。

总结起来，会计之道从静态来看是钱道，一切项目都是由钱衍生出来的；而从动态来看，这个道也体现为复式记账法，即管理钱的变化和它的运动的过程。

真正理解了这些方面，那么我们就差不多悟出了会计之道。所谓悟出会计之道，就是开窍。

财务报表之间的本源关系

——兼谈财务报表分析的逻辑起点

财务报表是企业所有经济活动的综合反映,提供了企业管理层决策所需要的信息。读懂财务报表,才能从微观上理解企业的行为,为从宏观上理解整个经济环境状况打下坚实的基础。

从宏观上理解三大财务报表之间的关系有利于形成完整的会计逻辑和框架,笔者对三大财务报表之间的本源关系进行了梳理,并基于此提供了分析财务报表的逻辑起点。

什么是认识财务报表

三张财务报表之间的关系:一个中心、两个基本点

一个中心:资产负债表。

两个基本点:利润表和现金流量表。利润表,反映资产负债表中未分配利润的增减变化(净利润本年累计数=资产负债表中未分配利润期末数－未分配利润期初数);现金流量表,反映资产负债表中货币资金的增减变化(现金及现金等价物的净增加额=现金的期末余额－现金的期初余额)。

资产负债表、利润表和现金流量表项目之间的钩稽关系如图1-1所示。

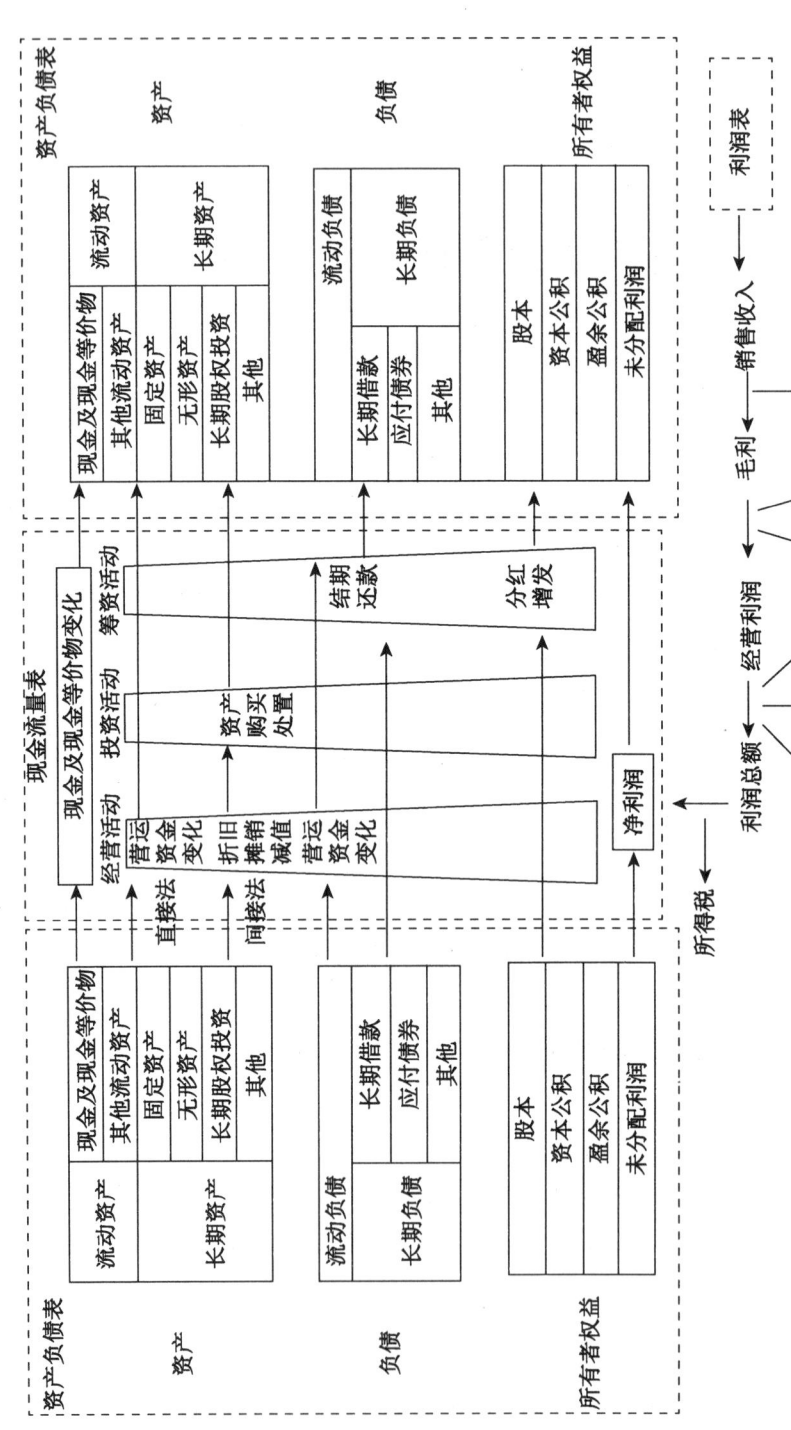

图1-1 资产负债表、利润表和现金流量表项目之间的钩稽关系

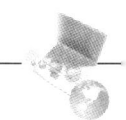

三大财务报表的特征——美学的视角

报表之美:资产负债表所表现出来的是"对称"之美,利润表所表现出来的是"高度"之美,而现金流量表所表现出来的是"健康"之美。三大财务报表如同人生。资产负债表说明人生需要努力去创造出一个好的"底子";利润表说明人生需要干出一番事业,也就是要有一个好"面子";现金流量表说明人生需要规划好,要会过"日子"。

报表在跳舞:三张财务报表的项目都是活泼、跳跃的。比如,现金跳着跳着,跳成了原材料、固定资产、无形资产以及管理费用等;原材料跳着跳着,跳成了在产品、产成品;固定资产跳着跳着,以折旧和减值的形式跳进了利润表;产成品跳着跳着,以收入、成本的方式跳进了利润表;现金跳着跳着,跳进了现金流量表——其实,它们都在跳舞。

报表恒等式——大柜子和小抽屉:资产负债表恒等式,好比一只大柜子,左边装资产,右边装负债和所有者权益;利润表恒等式,好比装在所有者权益里面的小抽屉,收入流入小抽屉,成本费用流出小抽屉,余下来的作为本年利润留在小抽屉中,是所有者权益的一个重要组成部分。

用三句话概况三张财务报表的话,即:资产负债表——增增减减,"盛"者为王;利润表——赚赚赔赔,"胜"者为王;现金流量表——进进出出,"剩"者为王。

三大财务报表分解

资产负债表

资产负债表是三大财务报表中唯一的主表,为什么这么说呢?因为即使没有利润表和现金流量表,仅凭资产负债表,我们依然可以计算出企业当

年的利润和现金流量的净增减额。通过对净资产的期末余额与期初余额进行比较,我们可以计算出企业当年的利润数额;通过对货币资金的期初、期末余额增减的比较,我们可以计算出企业当年的现金及现金等价物净增加额。因此,资产负债表全面反映了企业的经营信息,而利润表和现金流量表只是从利润和现金流两个角度反映了企业经营的部分明细信息而已。

资产负债表还体现了企业经营的完美平衡,通过它可以判断出资产中有多少是真正属于企业的,有多少是通过负债转化而来的。资产负债表的左边,全是资产,是可以用的资源;资产负债表的右边,是为了解释左边而存在的,说明左边资产的来源。就像万物有根有源一样,左边和右边是对称平衡的,所以资产负债表也可称为资金平衡表。

利润表

为什么要有那么多反映利润的账户?实际上所有这些账户都是实账户"本年利润"的明细账户,是为了说明企业净资产增减变化的原因。如果没有它们,也可以得出本年利润数——在外部投入资本不变的情况下,净资产的增减变化数就是本年利润。但我们要了解其产生的原因,所以就产生了这些"本年利润"的明细账户,于是就有了利润表。

老板一般是不看利润表的,因为他可能看到利润表上有不少净利润,可是企业账上的钱却不一定有那么多,所以老板一般只看账上有多少钱,但为什么还要有利润表的存在呢?笔者认为,其根本的原因不是为了计量企业赚了多少钱,而是为了计量应交多少所得税。据说,企业的净利润有时甚至是按照老板想交多少税而"定"的。利润表也就成了老板"不爱看也要看"的财务报表。

现金流量表

既然根据资产负债表完全可以计算出本年度现金的增减变化数额,为什么还要编制现金流量表?

一是因为外界想了解现金流量。现金是来自企业经营活动,还是投资活动,抑或是融资活动? 假定企业经营活动产生负现金流,如果企业利润表还有盈利的话,就可以看出应收账款里面可能有水分了。

二是现金流量表可以帮助老板给企业"验验血"。老板一般是不关心利润的,他们只盯着银行账户上的那点钱:有没有钱还债,有没有钱给员工发工资,有没有钱购买生产资料,要不要再借点钱,等等。他干完赚钱、花钱的事情,再安排会计人员按经营活动、投资活动、融资活动进行归类,然后就有了这张透视企业"血液"的现金流量表。

如何快速编制现金流量表? 这里给大家介绍一种方法叫"记账凭证法":将全部会计科目划分为现金类和非现金类,那么记账凭证可划分为三类:

(1) 借贷双方都是现金类科目的记账凭证;

(2) 借贷双方都不是现金类科目的记账凭证;

(3) 借贷双方只有一方是现金类科目的记账凭证。

第(1)、第(2)类记账凭证都不在现金流量表上反映,只需将第(3)类记账凭证全部分析列示于现金流量表中即可。

合 并 报 表

合并报表是集团公司中的母公司将其子公司的财务报表汇总后,抵销关联交易部分,所编制的反映整个集团数据的财务报表。编制合并报表是一项复杂的工程,其中抵销分录的编制无疑是一大难点。

编制合并报表时,母、子公司之间为什么要有抵销分录呢? 因为母、子公司平时分别作为会计主体进行核算,它们之间的往来也是独立核算的,当

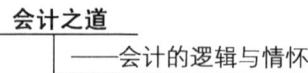

编制合并报表时,需将其视为一个合并主体,因此,要通过编制抵销分录,调整相互之间的关联分录,将重复的部分加以抵销。

如果母、子公司不按照目前的办法编制合并报表,也可以这么来做:先将母、子公司间的关联分录全部反冲掉,然后,在将两者视为一个会计主体的情况下重新对这些关联业务进行处理,编制相应的会计分录。但是,目前按照准则规定,应直接利用母、子公司报表上的数据编制合并报表,所以我们编制合并报表时,还是要通过抵销分录来调整关联交易。

编制抵销分录时要注意,它们与一般意义上的分录有区别。抵销分录不是核算经济业务的分录,它的借、贷方都同为减少或增加,没有一方为减、另一方为增的情况。搞清这个原理,我们在做抵销分录时,就可以不用再在什么科目放借方、什么科目放贷方这种问题上浪费时间了,一看科目的性质就可以判断出来。

其他已取消的报表

财务状况变动表:大家可能对它比较陌生了,实际上它现在已成为了"营运资金流量表"。与现金流量表的区别就是它说明的是"营运资金(流动资产-流动负债)"的增减变化,两者的编制原理是一样的。

综合收益表:综合收益表是为解决利得和损失而设立的。有一部分利润先到资本公积这个"仓库"中放一放,先不影响净利润,即所谓"利得"和"损失",但它们最终都是要通过其他科目影响净利润的。根据最新会计准则,综合收益现在已不仅能够反映在资产负债表中,而且同时反映在利润表的"其他综合收益"和"综合收益总额"项目里了。

财务报表之间的本源关系

财务报表中主表就一张,即资产负债表,利润表、现金流量表都是资产负债表的副表。为什么说资产负债表是财务报告中唯一的主表呢？第一，要是没有利润表，可以通过对资产负债表中的净资产期末余额与期初余额进行比较，计算出当年的利润数额；第二，要是没有现金流量表，可以通过货币资金的期初、期末余额增减变化，计算出当年的现金及现金等价物净增加额，多了这两张表，只是多了明细反映而已。

资产负债表和利润表的内在关系

将资产负债表和利润表结合起来的动态等式是：资产＝负债＋所有者权益＋收入－费用。从这个等式我们可以看出，虚增利润（收入－费用），必须同时虚增资产或虚减负债，在虚减负债困难的情况下，大多数企业会选择虚增资产。例如，上市公司的利润操纵中，90%与资产有关，只有10%左右涉及负债。原因很简单，操纵负债得与债权人商量，而操纵资产是单边行为，与自己商量就可以。

所谓资产的"水分"，就是隐藏在资产负债表中的费用，是对存续资产少提的折旧和减值准备、少计的摊销等，是其实际价值低于账面价值的部分。资产中的"水分"实质上就是披着资产外衣的费用；负债中的"水分"主要是指隐藏在资产负债表"预收账款""其他应付款"中的收入，它们是永远不会支付出去的负债；至于所有者权益中的"水分"，就是披着所有者权益外衣的抽逃资本、结转过来的造假利润，以及未及时转出的其他资本公积等。

上市公司与民营企业资产负债表和利润表造假的区别是：上市公司的财务报表造假，主要就是想办法将该费用化的支出进行资本化处理，"塞"到资产负债表中去，让资产负债表看上去"肿肿"的，资产看上去"虚胖"；民营企业的财务报表造假，主要就是想办法将该资本化的支出进行费用化处理，"塞"到利润表中，让利润表"面黄肌瘦"。

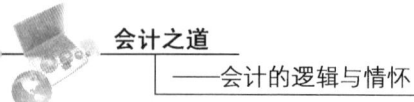

资产负债表、利润表以及现金流量表的关系

要搞清楚它们之间的关系,我们应先搞清楚支出、费用及资产的关系。所有的支出都会引起现金的增减变化,因此都要记入现金流量表,至于如何记入资产负债表和利润表,则要看该支出作用时效是1年还是1年以上,如果只是1年,就记入利润表,作为当期费用,如果是1年以上,一般就要进行资本化处理,作为资产记入资产负债表。一句话,资产是寿命长的支出,费用反之。

利润表中的"营业收入"、现金流量表中的"销售商品、提供劳务收到的现金"以及资产负债表中的"应收账款"等项目之间存在钩稽关系。一般在不考虑"应交税费"中的有关税金的变动数的情况下,可以简单估算为:营业收入－应收账款、应收票据＝销售商品、提供劳务收到的现金。

实际上,权责发生制表达的企业盈利通过利润表反映;收付实现制表达的盈利通过现金流量表反映。

利润的质量分析

除了现金利润外,还有至少四种利润。它们是:①应计利润(应结合应收账款和营业收入分析);②持有利润(根据以公允价值计量的资产价值波动分析);③虚拟利润(到负债方去寻找,看看哪些负债通过债务重组变成了"利润");④外部注入利润(也就是传说中的政府补贴)。

当经营活动现金净流量出现负数,而利润表上的利润很好看时,就可以判断利润中含有"水分"了,该利润可能过多地依靠应收账款,这些就是所谓的"白条利润"。一般来讲,如果上市公司应收账款增长率达到30%,且应收账款/总资产达到50%,则表明该公司含有大量的"水分",潜亏严重。

对于利润质量的具体分析,可以计算两个含金量指数:①营业收入含金

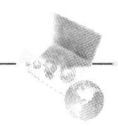

量指数＝销售商品、提供劳务收到的现金÷营业收入,这个指数以 1.17 作为判断标准;②净利润含金量指数＝[经营活动产生的现金流量净额＋取得投资收益收到的现金－财务费用(＋处置长期资产溢余现金)]÷净利润,这个指数以 1 作为判断标准。

公允价值对财务报表的影响

公允价值的实质就是强行突破历史成本原则去修改财务报表的数据,但它再强悍,也只能修改资产负债表和利润表的数据,修改不了现金流量表的数据。因为公允价值变动本身只是一个价值波动,如果要影响利润表,也只能影响持有利润,是没有现金流与其对应的。

由于公允价值的采用,目前的会计体系实际上已经将部分经济收益纳入了会计核算,经济收益＝会计收益＋未实现的有形资产(增减)变动－前期已实现的有形资产(增减)变动＋无形资产的价值变动,而会计收益是已实现的收入与其相关历史成本之间的差额。

财务报表分析的三大逻辑切入点:盈利质量、资产质量和现金流量

基于本书前面的分析可知,盈利质量、资产质量和现金流量是系统、有效地分析财务报表的三大逻辑切入点。任何财务报表分析,只要从这三大逻辑起点开始,就不会发生重大的遗漏和偏颇。

盈利质量、资产质量和现金流量是相互关联的。盈利质量的高低受资产质量和现金流量的直接影响。如果资产质量低下,计价基础没有夯实,报告再多的利润都是毫无意义的。如果企业每年都报告利润,但经营性现金流量却入不敷出,那么,这种没有真金白银流入的利润,也只是一种"纸面富贵"。这种性质的利润,要么质量低下,要么含有虚假成分。同样,资产质量

也受现金流量的影响。根据资产的定义,不能带来现金流量的资产项目,充其量只能称为"虚拟资产"。严格地说,这样的资产项目是不应该在资产负债表上确认的。

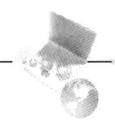

会计五行说

——会计要素之间的源流关系及其相互控制

会计体系由六大会计要素衍生而来,世间万物由金、木、水、火、土五要素衍生而来。所谓大道至简,将思维提升到一定高度看会计,其背后的智慧与五行异曲同工——都是自然规律。笔者尝试运用五行相生相克的关系阐述会计要素之间的源流关系及其相互控制之间的关系。

说到五行,很多人会提到易经,实际上,大家所熟知的五行原理正是来源于此。古人认为,天下万物皆由金、木、水、火、土五类元素组成,五类元素彼此之间相生相克,这是一种朴素的内部控制思想。

五行学说是我国古代集哲学、科学(物理学、化学、生物学)、社会学等诸多科学于一身的理论。五行也会对应人体的五脏、音乐的五音、大自然的五气等。笔者研究《易经》时,一直思考在会计上有没有五行以及五行对应的相生相克关系。

笔者认为,会计上存在相克相生的五行关系。我们知道五行中相生的有:金生水、水生木、木生火、火生土、土生金;相克的有:金克木、木克土、土克水、水克火、火克金。在会计要素中,可以有如下对应关系:木代表资产、土代表权益(包括负债和所有者权益)、金代表收入、火代表费用(成本)、水代表利润(利润分配),资产、权益(包括负债和所有者权益)、收入、费用(成本)以及利润(利润分配)等会计要素都是相生相克的关系。

按照传统五行学说,会计上的五行相生关系为:收入生利润,利润生资产,资产生费用(成本),费用(成本)生权益(负债和所有者权益),权益(负债和所有者权益)生收入。会计上的五行相克关系为:收入克资产,资产克权益(负债和所有者权益),权益(负债和所有者权益)克利润,利润克费用(成本),费用(成本)克收入。

图 1-2 是会计要素五行图。

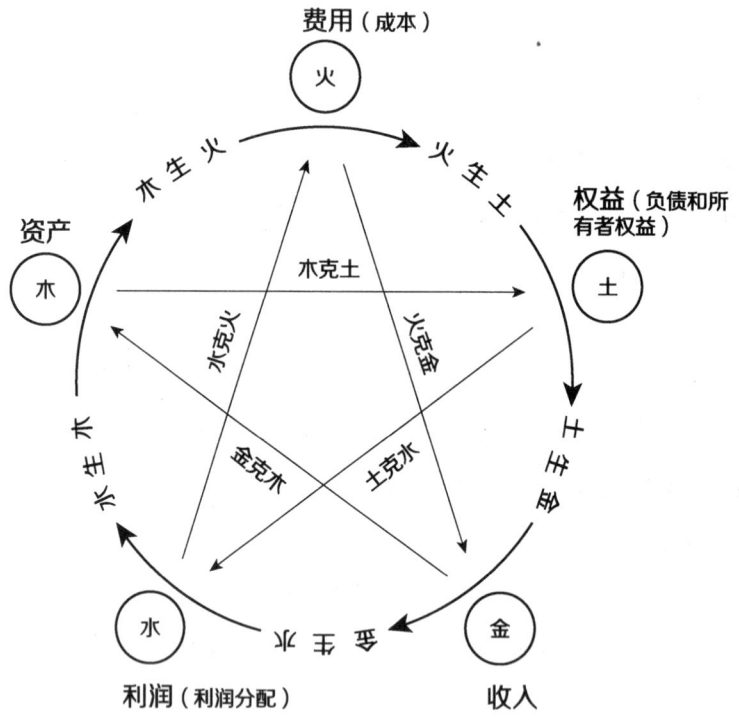

图 1-2 会计要素五行图

下面是对会计五行的解释。

金生水,在会计上,金代表收入,收入越多,利润(利润分配)当然就越多。符合金(收入)生水(利润,含利润分析)的逻辑。

水生木,在会计上,水代表利润(利润分配),利润增加,资产当然就增加。符合水(利润,包括利润分配)生木(资产)的逻辑。

木生火,在会计上,木代表资产,有了资产,才有花钱的基础,资产的消耗就是费用(包括成本)。符合木(资产)生火(费用,包括成本)的逻辑。

火生土,在会计上,火代表费用(包括成本),花钱多,费用控制不好,必然带来负债的增加或者资本投入的增加。符合火(费用,包括成本)生土(权益,包括负债和所有者权益)的逻辑。

土生金,在会计上,土代表权益(包括负债和所有者权益),从银行里面贷到的款越多,投资者投入越多,企业则有钱好办事,就有能力不断扩大再生产,就能够不断地增加收入。符合土(权益)生金(收入)的逻辑。

接下来,我们再看看会计上的五行相克关系。

金克木,在会计上,就是收入克资产。表面上看起来这难以理解,但收入确实是克资产的,要获取更多的收入,就要转出更多的存货,消耗更多的固定资产等。

木克土,在会计上,就是资产克权益,包括负债和所有者权益。这个要从会计动态平衡等式"收入－费用＝资产－负债－所有者权益"来理解,企业经营的目的就是要盈利,就是要让资产保值增值,木(资产)克土(权益,包括负债和所有者权益)的结果就是企业创造的经营业绩以及增加的净资产。要是木(资产)不克土(权益)的话,企业就要亏损,净资产就要减少了。

土克水,在会计上,就是权益(负债和所有者权益)克利润(含利润分配),看看目前的实业难做就知道,缺钱就要从银行贷款或者直接借高利贷,其结果必然导致大部分的利润转给银行或放高利贷的人了,为银行打工是目前实业界的真实现状。

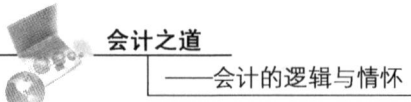

水克火,在会计上,就是利润克费用(包括成本),要多一点利润,必然要开源节流,节流就是要削减开支。

火克金,在会计上,就是费用(包括成本)克收入,这个很好理解,费用多,收入就少。

这就是笔者在研究《易经》的过程中悟出来的会计五行学说。笔者相信,从五行中可以理解万事万物的规律,当然,也可以理解会计的规律。另外,万事万物离开了阴阳就不存在,会计上的复式记账,实际上也反映着《易经》的阴阳理论,易经有云:"易有太极,是生两仪。"此"两仪"就是"阴"和"阳"的意思,也是"借"和"贷"的意思。

会计、人生、社会

利润表很重视配比原则,收入与成本费用要配比,得到的只有大于付出的才有意义。但如果该原则变成人生观就很不好,人生太注重利润表,会将所有的付出费用化,人生一定会成为斤斤计较的人生。为了让所有的付出都在当期得到回报,人会很累。其实,对于人生而言,所有的付出都是可以通过资本化记为资产的,做大人生的资产负债表才是王道。

笔者将用会计的语言、从"道"和"术"的角度谈谈做大资产负债表(资本化)和做大利润表(费用化)两种观念对人生(爱情、家庭)和对社会的不同影响。

会计与人生

企业的账簿,记录收入与支出,两数相减,便是盈利。人生的账簿,记录爱与被爱,两数相加,就是成就。一个人的成就,不是以金钱衡量的,而是以他(她)一生中,他善待过多少人,有多少人怀念他来衡量的。

会计是可以治疗人生的抑郁症的,针对抑郁症是可以开出会计处方的。抑郁症者无非是沉沦于过去的创伤、委曲、痛苦、损失、泪水中,纠结得不能自拔。其实,他们是太在意人生的利润表上的得失了。抑郁症的会计处方

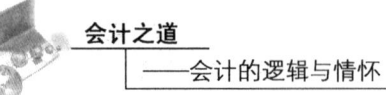

是:将那些创伤、委曲、痛苦、损失和泪水由费用化处理改为资本化处理,将它们作为促人成长的重要资产,这么一想,人其实一直在增值,有何可郁闷的呢?

人生的资产负债表漂亮,才是道;人生的利润表再漂亮,也只是术。

会计与爱情

钱能证明爱情吗?

女人花男人钱的时候,男人可能有两种处理方法:第一种,将这些支出视为自己的资产,作资本化处理,走的是资产负债表;第二种,将这些支出视为一种损失,作为损益处理,走的是利润表。

或许,第一种男人是传说中的"高富帅",而第二种男人只是"屌丝"。男子花钱的态度也可以告诉女人,这个男人到底爱不爱你——支持你作资本化处理的男人,才是真正爱你的人,这正是男人的爱情之道。

会计与家庭

和谐家庭是什么样子的呢?

曾经有一对夫妻辛苦打拼了大半生,妻子决定去整个容拉个皮,花了1万元。别小看了这对夫妻,他们都是有会计证的,丈夫将其借记"管理费用——维修费"账户1万元,贷记"库存现金"账户1万元。月末,妻子对账,立马将其红字冲销,改为借记"无形资产——美的资本化"账户1万元,贷记"库存现金"账户1万元。然后,对丈夫说:"我美容还不是美给你看,咋能成费用呢?"

如果天下丈夫都将妻子的花费当作资本化处理,那这个世界上的家庭一定都会非常和谐。

其实,家庭和谐之道,在会计上可以用一笔分录来表示:

借:被爱(收到)

　　贷:爱(动词)人(付出)

和谐家庭如此,和谐人生、和谐社会、和谐爱情不也都是如此吗?

请相信:只要人人都拥有一点爱,世界将会变成美好的人间!

会 计 与 社 会

从财务报表的角度看中国社会几十年来的发展历程。笔者认为,改革开放前的30年,资产负债表做得很好,甚至比后30年的还要好。从当时的两弹一星、抗美援朝,到相对公平的分配制度,再到尚未污染的青山绿水……充分说明了当时资产负债表做得比较强大,只是由于计划经济的特点,很多资产并不以货币计量,没有列进资产负债表,典型的如土地。同时,很多资产无法以市场价值列入资产负债表。因此,不会看财务报表的人,包括所谓的经济学家,以为当时的资产负债表太弱。其实,如果抱着客观、公正的态度来评价,当时的资产负债表还是做得很好的。当然,利润表没有做好,原因是当时的生产本身并不以利润为目的,换句话说,大概当时就根本没有想做这张表吧。

而改革开放后的30年,资产负债表可能并没有想象之中的那么好,只是将前30年打下的物质基础通过市场化、货币化而全部记入了资产负债表而已。但当明确生产是以利润为目的之后,却有些失道,有的人甚至只要是赚钱的事情,什么都敢干,连人类生存最基本的东西——水、空气、耕地都被污染,本属于子孙后代的资源也被大肆消耗,发展的同时人类也付出了沉重的代价。

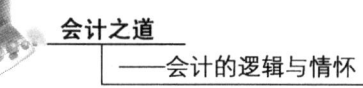

财会人员能为公司创造效益吗

大会计视野需要会计自信，会计自信需要正确认识会计的价值！

一直有人跟我说："马老师：一直以来，我接触到的领导总认为会计工作不能为企业创造价值，只有销售人员和生产工人才能为企业带来利润。会计就是写写算算。因此，财务人员工资很低，且承担了很多其他岗位的工作，加班都干不完。如何才能改变他们的观念，或扭转这种看法呢？这个问题一直困扰着我。希望得到您的帮助。"

笔者认为，财务人员当然能够，也应该要为企业创造价值，但确实很多财务人员对这个问题一直以来比较困惑，大家先来看看他们的回答以及笔者的点评：

小几米_Leung：昨天我们老板对元旦还在加班的我和另一个会计说："你们整天都不知道在忙什么，我也没见你们带来什么翻天覆地的变化，以后你们每月工资降1 000元，如果我觉得你们工作做得好这1 000元再还给你们。"跟他吵了一上午，我果断准备离开。

马靖昊说会计：我觉得可能你们一直以来是忙于做账、编表以及报税工作，随着财务软件的普及，这些工作越来越智能化了，网上报税也越来越简

第一章 领悟会计之道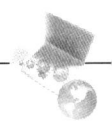

单,发票抵扣也不用认证了,如果你们还认为这些工作本身具有很大的价值,其实是一种观念上的错误。

面目全非掌:其实我们不要求跟销售人员比工资,我现在所在的公司情况是会计的工资都没有人力资源的高,而且差很多。我一直认为会计是值得尊重的工作。但工作后发现,会计的反映职能和监督职能根本无法实现,会计对任何部门的要求都不得不屈从。企业把会计职能架空,那么财务部的会计们就只是摁计算器的。

马靖昊说会计:我认为你的问题出在根本就没有将财务与业务进行有效的融合,会计永远跟在业务的屁股后面,连实现会计的反映职能和监督职能都很困难,其实你做的工作只能说是纯粹的统计工作,可想而知,如何能够得到公司的重视啊!又凭什么要高薪呢?

酷爱篮球的小会计:我们单位是国企,还是一年产值好几十亿元的大型国企,财务的地位也很低,财务部经常没有原则地对销售人员让步,挣得也少,还经常加班!一提加班费,领导就说市场行情不好,要节省费用,吃苦不讨好。

马靖昊说会计:这说明贵公司财务力量很薄弱,如此规模的一家国企,财务是大有可为的!财务的地位取决于自身的努力和贡献,不是天上掉下来的,是争取出来的,用什么去争取? 当然是为公司创造价值了,不创造价值,公司凭什么给财务很高的地位?

籁学威:如果说,会计只参与记账、报税,那么,的确意义不大,如果会计可以参与企业业务运转,流程优化,合理避税,我认为工资就不会低。

马靖昊说会计:你说到点上了,单单税收筹划这一块就可以创造很大的价值,没有企业不交税,节省下来的税就是净现金,比销售收入还纯,这就是为企业创造价值了。

zhang春花:老板不懂财务,所以不知道财务人员每天都干啥,从他们的角度看,财务没什么事可以做,抛开功劳不说,苦劳都谈不上;除了一些基础

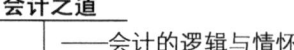

性的核算工作,财务在公司内部要时刻站在管理的角度做工作,及时发现问题,积极提出建议,展现出财务的功劳;因领导不了解财务工作,财务人员没展现才能,双方沟通少,如此循环往复,恶性循环……

马靖昊说会计:财务部门重要不重要往往与财务人员的沟通能力有关系,每次公司的例会,财务人员如果能够提出很好的财务管理建议,一定会得到老板以及其他部门负责人的重视,而我们财务人员往往只会埋头于账表,没有将自己定位于管理者,没有处处从老板的角度去考虑问题,从公司经营的角度去对待问题,甚至都没有能够主动地从财务管理角度去反映问题,自然不会得到应有的尊重。

娇娆似雪海:这样的老板比比皆是,不过主要也是因为我们一般财务人员水平确实有限,大多数会计人员也就只会做做账、报报税,格局摆在那了。在大数据时代,还是得数据说话,财务数据对于企业的发展和前景其实是相当重要的。

Mr包亮:当年韩信的话他们忘了,成也会计,败也会计。不会从财务技术中盈利的企业家绝对是土鳖。简单的账都不会算,销售多一块钱利润最多多五毛,财务通过技术省一块那就是一块。

马靖昊说会计:财务做得好,不仅能成为公司的成本控制中心,而且也可以是公司的价值创造中心。财务专业技能能够给公司带来价值最大化,这个在上市公司表现得特别明显。

青春花狗笨笨:作为财务,我的心得是首先得了解公司业务,其次放下身段,配合各个部门的工作,从签订合同到开具发票、收款,这一系列工作都和财务息息相关,怎么能说财务不需要懂业务呢。不了解公司业务的财务是不负责的。尤其在制造业企业,有时候财务必须下车间了解工艺流程才能准确核算成本,至少我是这样看的。

马靖昊说会计:确实,懂业务的财务才是真正的财务,不懂业务的财务根本就不合格。财务部门要提前介入业务政策,要将自己的专业想法融入

第一章
领悟会计之道

业务中,使业务政策更具操作性,以尽可能地控制税务风险、经营风险,而不是等一笔业务做完了,财务部门才来想办法记账。在谈业务时就可以解决的问题,不要等到财务处理时才发现大的漏洞。

选峯:看了一下午了,想听听马老师的意见和建议。

马靖昊说会计:我在前面的点评中已经讲了不少了,下面我再系统地说说这个问题。

财务人员为企业创造价值主要体现在以下几个方面:

第一,为企业节约成本费用: 财务人员要为企业精打细算,严格执行预算,严控成本费用的开支标准,堵控防漏,杜绝浪费,从而为企业赢取更大的利润。

第二,做好企业的融资以及理财工作: 除了节约成本,也就是节流以外,财务人员也要做到开源,要为企业融资做好服务工作。当然,如果有空余的资金,也要做一些短期的财务性投资理财,为企业创造更多的利润。

第三,做好税务筹划: 财务人员应针对企业业务特点,提前做好避税节税方案,针对不同业务环节发生的各税种,做好详细规划,包括对纳税时点的规划、混合业务的剥离或组合等,不但可以帮企业规避潜在的纳税风险,还能节约大量的纳税成本。根据测算,企业一般拥有15%~20%的节税空间,如果财务人员切实做好了税收筹划,可以节省大量税款,这些省出来的税都是企业的利润。

第四,帮助企业实现最高效的资源配置: 财务人员在实现财务目标的同时要对企业运营有深入的了解,财务人员不应仅跟在业务部门后面进行核算和监督,而是要从企业利益的角度帮助业务部门作出事前的预测以及成本的控制等,从而帮助企业实现最高效的资源配置,从而为企业创造价值。

第五,通过对业务、财务的一体化分析,发现问题并提出解决问题的建

议:每一笔会计分录后面都是业务部门的一项具体工作;每一个会计科目后面都是企业的经营管理。一个好财务要看到财务数据背后的含义,让财务数据说话,发现问题并提出解决问题的建议。比如,在内部控制及风险管理方面,通过信用控制,将销售人员的薪酬与销售回款挂钩,这样不仅很好地降低了应收账款管理的难度和风险,还有效地分配了应收账款的责任问题,销售人员是应收账款回收的第一责任人,财务应起到监督和催收的责任。又如,通过对成本构成以及成本因素的分析,可以在企业定价策略上提出自己的建议,等等,这些都可以帮助企业更好地开展经营活动,规避风险,提升价值。

希望看到这篇文章的每一位财务人员,不但要努力提升自己的业务水平,还要努力提高自己的交际水平。除了要善于与企业内部的业务部门打交道,还要善于与企业外部的税务部门、银行、工商等机构打交道。这样,你就一定能够为企业创造价值,也一定能够成长为一名拿高薪的财务人。

第一章 领悟会计之道

会计逻辑六问

会计逻辑六问,是对会计体系的潜在逻辑的再认识,是对会计思想的基础性解读。

一问:资产负债表会不会记载费用和收入?

答:资产负债表中存在记载成本和费用的情况。比如,长期待摊费用,它是企业已经支出的各项费用,是放在资产负债表中的费用化项目,只是由于长期待摊费用能使以后会计期间受益,因此将其视作资产处理。而资产中没有及时转移到利润表中的费用,就变成了资产账目中的"水分"。而资产负债表中可能记载的收入情况,则是企业将应结转的收入隐藏在"预收账款"等科目中,不及时结转所致。

二问:负债有没有负债准备类科目?

答:预计负债在我眼中就好比一个负债性质的"准备",企业计提预计负债以后很可能确认损失,实际上相当于一项负债"准备"。当损失真的发生时,是需要支付出去的。

三问:利润有操纵,那么亏损也有操纵吗?亏损操纵在平时的俗称是什么呢?

答:我们常常提到利润操纵,实际上企业也常常发生亏损操纵,这就是

俗称的"洗大澡"现象。所谓"洗大澡",就是把未来期间的费用挪到本年来确认。"洗大澡"经常发生在经理层更换的时候,或者公司本期已经亏损了,就干脆"洗个大澡",一次亏个够,为未来提高业绩做好准备。企业可用来"洗大澡"的科目不仅仅是应收账款,实际上,更多的时候,"洗大澡"是通过固定资产、长期股权投资或存货等科目实现的。

四问:除现金利润外,还有多少种利润表现形式?

答:除了现金利润外,至少还有四种利润。它们是:①应计利润,可结合应收账款和营业收入分析;②持有利润,根据以公允价值计量的资产价值波动分析;③虚拟利润,到负债方去寻找,看看哪些负债通过债务重组变成了"利润";④外部注入利润,根据政府补贴分析。

五问:现金流量表能不能造假?一般如何造假?

答:大家阅读财务报表时,往往有一种错误的想法,就是资产负债表和利润表容易造假,而现金流量表不容易造假。其实不然,现金流量表分为三个部分,有些上市公司通过虚构收入方式虚增经营性现金流入,再通过投资的名义将虚增的现金流消化掉,使其账面现金流很好看,显示出很强的获取现金的能力,但实际上只是玩数字游戏。

六问:对于财务报表上的每一个项目,有没有一个唯一正确的数字?如果没有,如何判断真账、假账?

答:财务报表上的项目除货币资金外,都没有唯一正确的数字。在权责发生制会计下,100个会计师独立编制同一家企业的利润表,会得到101个结果,多出来的一个就是审计师调整出来的。至于判断真账、假账的标准,最终要看盈余管理等活动是不是在会计准则范围内,如果在会计准则范围内,就不能说其为假账;如果不在会计准则范围内,就不能说其为真账。

什么样的非财务信息可以用来判断企业陷入财务困境

非财务信息就像企业的里子,看清里子才能判断企业是否败絮其中。

问题的引出

裁员是判断一个企业财务状况恶化的最直接信号。现在企业用工成本很高,当企业增长乏力,商业模式不清晰,未来走向不明朗时,自救的最佳方式就是采用 $N+1$ 的补偿制度(N 指工作年限,1 是外加 1 个月工资)进行裁员。比如,乐视公司现金流恶化,其自救的最直接有效方式就是大规模裁人,特别是拿大钱却干不出活的高管。

财务信息和非财务信息应如何划分

企业一切信息基本都可以为财务所用,那么,财务信息和非财务信息应如何划分呢?

财务信息,简单来讲,主要指财务报表提供的资料,包括对外提供的资产负债表、利润表、现金流量表和有关附表、报表附注、财务情况说明书等。

而非财务信息一般是指那些不满足条件被排斥在会计报表之外的，反映企业经营活动的信息。

非财务信息是指涉及企业竞争状况、管理体制、经营战略等与企业经营活动密切相关的内外部环境信息。与财务信息相比，非财务信息涉及的内容更多，范围更广。因此，如能够提供较为全面的非财务信息，将有助于信息需求者全面了解企业的生产经营状况，帮助其作出科学的决策。

可以用来判断企业陷入财务困境的非财务信息

对企业进行财务分析时，一些非财务信息有时显得更为重要。比如，通过水表、电表以及运单可以判断企业的生产、销售能力，这一方法可能比分析收入和利润更为有效；通过员工工资水平可以判断企业的竞争优势和发展前景；通过银行借款可以判断企业的诚信度；通过供应商账期可以判断企业在其产业链中的地位及其行业竞争能力。

蘭花小馆2016：让员工无限期休假。

心光泪影99246：拖欠员工工资。

国贸大魔王：被供应商在门口拉条幅讨债。

颖啊颖啊颖：①开始用所谓的办公软件"钉钉"——每天关注你几点到几点做了什么，外出要拍照；②N年不涨薪。

liliyhao快乐：老板被列入失信人名单。

豪一一秋：老板天天盯着员工干活的。

很多非财务信息可以帮助我们读懂一家企业，并且有时候可能更直接、更有效。比如，看看企业院子里停放的小轿车，顺便问一句中层干部是不是有私家车，就能大致判断这个企业的薪酬高不高；看看销售部里职员工作是否紧张,就知道这个企业的产品是否畅销;看看员工的着装,就能知道这个企业是否重视企业文化建设;等等。

非财务信息对于审计同样重要

以前有一家公司,为了上市,它的购销合同、出入库单、增值税专用发票和增值税普通发票、人员花名册、银行对账单、询证函等,所有审计师所能获取的外部证据和内部证据,全都是假的!但由于它费心地根据企业的生产方式、运营周期进行调整,"合理"地竟然让审计师一时没看出破绽。这时候审计师就需要非财务信息辅助查找问题,后来,审计师深入企业,通过对非财务信息的梳理,发现这家企业的实际情况与账表格格不入,它管理混乱、职工较少、清闲,生产并不繁忙,耗电量也不高,甚至很少出现拉货的车子上门,完全配不上账本上营业额应有的样子。因此,才发现了重大财务造假问题。

丁丁—北京:企业软实力往往是报表体现不出来的,因为,大家都知道看报表,也知道看哪些指标,哪些指标能体现什么,企业也就会关注哪些指标并调节报表,报表往往因此而不再真实,报表上的只是企业想让你看的东西。而报表外的东西,真实性反而更强。

朱先生小站:①通过其与客户的收款方式可了解其竞争力;②通关员工的流动率可以了解其生产的稳定性;③通过产能的估算可了解其生产模式;④通过银行对账单可证实其营业收入的真实性和现金流状况。

占强Jim:很多企业往往因为忽略了水、电及运输费用与生产能力及销售收入的紧密关系,而被稽查出存在偷税漏税的行为,所以企业财务人员必须了解生产及销售的相关指标及流程,才能规避风险并能进行合理的控制及财务分析。

最后,笔者想说的是:高手看财务报表,不会只看报表中的数字,而是会跳出来,站在行业、战略、组织、竞争等非财务的大环境中去解读报表数据,这样,才能完全摸透企业财务状况。

第二章 运用会计之术

目前会计准则中放出"公允价值"这个"怪物","公允价值变动损益"彻底颠覆了"历史成本原则"的底线,犹如打开了潘多拉魔盒,相关会计信息从此丢掉了"可靠性"的根基。

常用会计术语妙释

关于会计是一门艺术还是一种科学,会计界素来争辩未休。站在一定高度看会计,其必然有科学性的一面,但在会计实务中,对于同样的业务或者事项,可能1 000个会计人员心中有1 000种处理方法,因而会计的艺术性在会计实践中体现得淋漓尽致。以下通俗地介绍一下会计实务中常见又难以理解的会计术语。

什么是会计职业判断

会计为什么会有职业判断?笔者认为,原因是现代会计误入"应计制会计"的歧途了,将谁也说不清楚的"利润"作为企业盈利的标准。从此会计语言就基本上"不为人知",编制出来的报表连会计人员自己都说不清楚。至于"利润"首先,它可能沦为企业与税务局判断纳税额的指标。其次,它可能沦为管理层晋升的指标。再次,如果某企业上市了,它就可能沦为操纵的指标了。

为什么会计人员自己都说不清楚呢?因为说白了,职业判断就是一个"毛估估",会计人员自己也不知道自己"毛估估"是否准确,因为最终的结果"利润"不是一个具体的东西,原则上是没办法验证的。真是"1 000个会计心中就有1 000个利润的哈姆雷特"。当然,大家会说,那审计是干什么的?要我说,审计就是因"应计制"会计而存在的,它一方面拿企业的钱,另一方面给企业的审计报告盖个章对"利润"进行背书,难道它能说清楚利润是什么吗?难道它的职业判断不是"毛估估"吗?

在企业日常中,对于企业的CEO来讲,平时问会计人员的问题最多的是"账上还有多少钱",肯定不会问"账上还有多少利润"。记得有一位著名企业家就在CCTV访谈中公开说过:"今年我们董事会打算叫财务部做出500亿元左右的利润。"剩下的工作就是让CFO带领一班会计人员进行"职业判断"了,然后"毛估估"出500亿元左右的利润来。

如果不改变现行的"应计制会计"体系,会计就真的告别科学了,但会计能不能靠近科学呢?笔者的回答是可以的,但必须要抛弃说不清、道不明的"应计制会计",回到"现金制"上来。企业真正赚了多少现金,是一定可以说得清、道得明的。这时候就不存在所谓的"毛估估"了,存在保险柜里和银行里的钱都点得清楚。

目前以"利润"为中心的考核指标在某种程度上是"自欺欺人",让会计人员都陷入了利润的"云计算"迷阵中,那是真正的云里、雾里,似梦似真。

会计利润与经济利润一样吗

会计师一般只关心显性的生产成本,也就是生产某种产品或提供某种服务所发生的费用,会计利润=总收入-总成本。但是,在经济学家的眼中,这些支出没有反映生产的总成本,对经济学家而言,这一结果高估了利润。原因在于经济利润的概念包括了生产的显性成本和隐性成本,即生产过程中涉及的所有稀缺资源的价值,我们把企业向那些为其提供资源的非企业所有者所支付的货币称为显性成本,把企业使用自己拥有的资源的成本称为隐性成本。

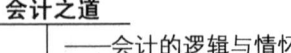

对于企业所投入的隐性成本,经济利润会考虑在别处能挣到什么?而会计利润则不考虑隐性成本,隐性成本不列入利润表的减项。理由是:没有客观的办法计算隐性成本,会计师不愿意做没有根据的估计。但作为一个企业所有者,其实不仅仅关心会计利润,而且也关心经济利润。

我们举一个例子:

假设张三是某公司财务部经理,年薪为10万元,存入银行可得利息0.5万元。某一天张三头脑发热,辞去工作,一个猛子扎下商海,自己创业开了一家面包店,将自己所拥有的一个门面房作为营业用房,原门面房年租金收入为8万元。他还需要雇用5名员工。该面包店经营1年后,账目如下:总收入,60万元;成本,20万元;雇员工资,15万元;水电杂费,5万元;总(显性)成本,40万元;会计利润,20万元。

张三成为一名企业主后,放弃了所有的稳定收入,愿赌服输,经营1年后,赚取了20万元的会计利润,看起来还不错。但张三意识到:

(1) 他的劳动不是免费品,此前他当财务经理,每年能挣到10万元工资。这就是张三的劳动力市场工资价值。

(2) 他自己的店面房不是免费品,此前他作为房东,每年能有8万元的租金收入,就是张三的房子市场租金价值。

(3) 他自己的存款不是免费品,此前他作为资本所有者,每年有5 000元的利息收入,这就是张三自己的资金在市场上所能获取的利息。

这样,张三意识到会计利润不能准确显示企业的经营状况,因为对于张三而言,他放弃了工资,放弃了房租,放弃了利息,这些都是实实在在的机会成本,所有这些都代表了张三的隐性成本,而这些隐性成本在会计利润中都被忽略了。那么,张三的经济利润是多少呢?请看接下来的计算。经济利润:会计利润,20万元;放弃的薪金收入,10万元;放弃的利息收入,0.5万元;放弃的租金收入,8万元;总隐性成本,18.5万元;经济利润,1.5万元。

经济学家和会计师所理解的"利润"概念意义不同,会计利润=总收入－显性成本,经济利润＝会计利润－隐性成本＝总收入－所有投入的机会成本。上述1.5万元的经济利润是对张三的企业主才能的回报。

现在我们再假定他第一年的收入只有50万元,那么,他的会计利润就是10万元,他的经济利润就是－8.5万元。作为一名企业主,实际上,张三遭受了8.5万元的亏损。张三要是不创业,他还有18.5万元的收入。因此,尽管账面上有10万元的会计利润,但张三作为企业主实际上是遭到了惩罚,这也是为什么经济学家总是说经济利润才重要的原因,经济利润的存在与否会影响到企业的决策。

如何理解"洗大澡"

所谓"洗大澡",就是把未来期间的费用挪到本年来确认。"洗大澡"经常发生在经理层更换的时候,或者企业本期已经亏损了,就干脆"洗个大澡",一次亏个够,为未来提高业绩做好准备。企业可用来"洗大澡"的科目不仅仅只有"应收账款",实际上,更多的时候,"洗大澡"是通过"固定资产""长期股权投资"或"存货"等科目实现的。

"洗大澡"属利润操纵的一种,只是方向相反,往巨额亏损的方向操纵,就是把可能在以后期间发生的损失提前确认。其具体表现就是当期的净资产收益率大幅度下跌,而在以后期间出现大幅反弹的迹象。"洗大澡"的目的有两点:①将亏损的责任推给前任;②为未来盈利腾出了空间。

"洗大澡"通俗的数学解释:－4 000(第一年实际亏损4 000万元)－5 000(第二年预计亏损5 000万元)＝－9 000(万元),"洗大澡":－10 000(让第一年实际亏损1亿元)＋1 000(第二年预计盈利则为1 000万元)＝－9 000(万元),或－12 000(让第一年实际亏损1.2亿元)＋3 000(第二年预计盈利则为3 000万元)＝－9 000(万元)等等,这个等式如何变化就看管理层预留的盈利空间的大小了,"洗大澡"就是这么玩的。

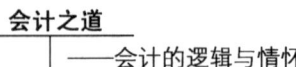

比如,某个上市公司在2008上半年日子还不错,但下半年由于"三聚氰胺"闹腾,不得不计提减值准备近3亿元,想必是知道无力回天,就干脆"洗个大澡",结果该年度巨亏了18亿元。实际上,这就是做了一道数学分配题,让第一年多负一点,第二年还能转回为利润。

另一个上市公司为保牌,前一年度利用"洗大澡"手段,对一些长期收不回的账款计提27亿元的坏账准备,使该年利润大幅减少。到第二年又将上年计提的坏账准备转回了15.8亿元,一举扭亏为盈,实现了"保牌"目的。

"洗大澡"就是企业将未来两三年内可能发生的亏损,集中在1年内"洗一次大澡",这样,亏损基本上还是那些亏损,但年份就不是那些年份了。这是由于我国的一些政策规定,如上市公司连续2年亏损就要被ST,如第三年还是亏损,就会被暂停交易,为了不被摘牌,公司能不痛快地"洗一次大澡"吗?

按准则的规定长期资产减值准备不准许转回了,但为什么有些上市公司在亏损时还要"洗大澡","一次减个足够"呢?其实在亏损时多计提减值有两个好处:①可减少以后年度的折旧摊销费用,为盈利腾出空间;②为未来盈利作储备,当处置这些资产时,减值准备的转出,会使其账面余额因小于市价而盈利。

比如,一项固定资产原价为1 000万元,计提的折旧为200万元,如果以600万元出售,就亏200万元;如果在以前年度提取了减值准备600万元,就盈了400万元。有的时候,会计竟然成了数字游戏!

在合并报表中,低估所收购的资产、高估所收购的负债会形成高额商誉。目前会计准则对商誉不要求摊销,而是规定应定期进行减值测试。不可否认,减值测试具有很大弹性。为不影响未来期间的收益,商誉可以在账上一直"趴着"。当然在年景不好亏损时,企业往往就会对商誉来个"洗大澡"式的巨额冲销,从而为未来期间盈利留足空间。

说说债务重组

1. 资产减值 VS 债务重组

对于企业的应收账款,如果对方企业资不抵债,偿还的可能性几乎为 0,企业计提了 100% 的减值准备,则应收账款的账面价值就是 0,成为账外资产了。但并不代表企业放弃了这个权利,因为对方企业的应付账款还是这个数,它可不敢将负债减值为 0。请大家由此体会一下资产减值与债务重组的道理,总会悟出点东西来的。

资产减值是由企业自己一方进行的,即"我的地盘我做主",而想减少一点债务,不可由一方进行,必须有债权方参与并让步才行,所以叫债务重组。应该没有债务减值的说法吧!不能说现在这个债务不值这么多了,要减值,这样就乱套了,这就是公允价值不可能用在债务上的原因(注:可交易性金融负债除外)。

2. 小心"武松"的老拳

非金融性企业不可能以公允价值对负债进行后续计量。比如,你借了"武松"的 2 000 元钱,你能说现在就值 200 元了,要的话就拿走,不然,再过几天就只值 100 元了,我想你可能就要挨"武松"的老拳了。如你实在想要赖不还钱,就必须与"武松"进行债务重组,获得"武松"的让步才行。因此,想进行负债减少时,不能比照资产减值的叫法说债务减值,这就是只有债务重组而没有债务减值说法的原因。

3. 销售产品、非货币性资产交换以及债务重组之间的关系

销售产品、非货币性资产交换以及债务重组之间的本质关系可以用"大交换"三个字来概括,换回来的是钱就是销售;换回来的是物就是非货币性资产交换。一开始想换回钱,但没换成功,眼看要坏账了,咋办?与债务人去商量以求得让步,就是债务重组。

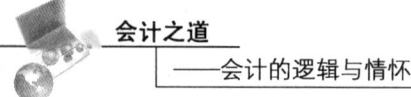

4. 债务重组的副作用是粉饰利润表和资产负债表

债务重组的副作用就是粉饰利润表和资产负债表。比如，某上市公司近1亿元的债务，只需用作价4 000万元的破铜烂铁抵债，这样，近1亿元的债务就从资产负债表上抹去了，利润表也相应增加了近6 000万元的利润。现实中，很多债务重组存在阴阳合同的情况，交织着"江湖义气"和利益互换。

5. 债务重组中，债权人一定会由于债务重组而确认营业外支出吗

在债务重组中，如果认为债权人一定会由于债务重组而确认营业外支出，那是错误的。如果债权人已对重组债权计提过减值准备的，应将重组债权的账面余额与受让资产的公允价值、所转股份的公允价值，或者重组后债权的账面价值之间的差额冲减减值准备，不足冲减的，要贷记"资产减值损失"账户，不确认"营业外支出"。

6. 透过数字来看每个项目的本质

看报表很有意思，对于每个项目，要透过数字看它的本质，很多项目的初衷是好的，但却可能被使用者滥用。例如，货币资金可以是临时露个脸的，应收账款可能不是应收的，存货可能是泡了很多"水分"的，在建工程可能是固定资产，固定资产的使用年限是可以随时调整的。更别说无形资产，研究阶段和开发阶段，难以分得清楚。非货币性资产交换在某种程度上是穿越回原始社会的物物交易。债务重组可能是出于"江湖义气"。至于净利润，其实也不一定能说明赚了多少。公允价值计量方法对老百姓来说未必公允，合并报表更是让人看得云里雾里。

永续盘存制 VS 实地盘存制

1. 两种盘存制的概念

盘点的方法主要有永续盘存制和实地盘存制。永续盘存制也叫账面盘

存制,因为在该方法下平时就将进销存记录下来,盘点时核对账面结余与仓库中的数量是否一致,它可以是不定期的;实地盘存制也叫定期盘存制,因为在该方法下平时账上只记增加,不记减少,当然必须定期,至少每月末去仓库盘点存货的结余数,不然,就没法核算成本了。

2. 期末存货和销售成本的计算

在永续盘存制下,先定销售成本,再计算期末存货,公式为:期初存货＋本期进货－销售成本＝期末存货;在定期盘存制下,先定期末存货,计算出销售成本,公式为:期初存货＋本期进货－期末存货＝销售成本。

3. 盘存制与记账方法

在永续盘存制下,仓库每天的进、出货都要记下来,并随时结出余额,也叫账面盘存制,盘点时,检查账实是否相符;在实地盘存制下,会计平时只在账上记增加数,不记减少数,只好在月末到仓库里盘点商品的结余数,倒挤出减少的数量,也就是常说的"以存定耗""以存记销",它也叫定期盘存制,因为要定期去库里看看。

4. 盘存制与盘盈、盘亏

只有在永续盘存制下才会出现存货的盘盈、盘亏情况,在永续盘存制下,每年至少应实地盘点存货一次,以确定实际存货数量。若实际存货数量与账上存货数量不相符,即发生"盘盈"或"盘亏"情况。而实地盘存制下,以期初存货加本期进货减去实地盘点出的期末存货余额决定销售成本,存货若有"盈亏",则无法知晓。

如果你仍然不清楚,请看下面的对话:

网友:请讲一下永续盘存制和实地盘存制吧,我一直搞不懂。

马靖昊说会计:你如果对自己的男人不信任,对他管控很严,天天记录他的收入和支出数,计算结余数,这种方法就是永续盘存制;你如果对自己的男人信任,只要定期,如一般在月末,看看他的钱包中还剩下多少钱,与他的收入一比较,就知道他具体花了多少钱,这种方法就是实地盘存制。

如果你看到这里还没有真正懂,麻烦你再看下面的内容:

有一天,笔者正在吃饭,一个会计朋友跟笔者说搞不清永续盘存制和实地盘存制的区别。笔者突然灵光一闪,告诉他说:如果你没记住吃了多少,那么看看自己的碗里还剩多少,就知道吃了多少,这就是实地盘存制;如果你吃一口记一口,而且没有被我偷吃,碗里剩下的就与你点的饭菜量和你吃掉的能够对得上,这就是永续盘存制。

第二章 运用会计之术

会计科目的特征

会计源于生活,会计思想源于生活实践,生活当然可以解释会计。笔者运用形象、诙谐的语言,以及生活中的意象来阐述会计科目的特征,定能让你会心一笑,令你回味无穷。

会计科目中的"白莲花"

最美丽的债务是预收账款,它不需要用钱去偿还,到时候发出产品就可以了,之后,它就转化为营业收入了,可以说它是营业收入的前世今生;最无私的所有者权益是资本公积,它吸收投入,又不占股份;最有用的资产当然是现金,现金为王,没有现金,一切都是空想。

会计科目中的"屌丝"

会计中还真有一个"屌丝"科目,它的名字叫"长期待摊费用"。你看,它实际上全是费用,未来不可能为企业带来任何经济利益的流入,但它却作为资产在资产负债表中"滥竽充数"。原因就是会计分期是以1年为周期的,超过1年摊销的费用,无法一次性进入利润表,只好先在资产负债表中排队等待,以便逐期摊入利润表中。"长期待摊费用"还是"脸皮最厚"的会计科目,它分明是支付出去了的费用,只是会计上认为它可以跨期,就明正言顺地"呆"在资产中了。

会计科目中的"白富美"

"预收账款"科目不但是个"美丽"的科目,它还是一个很"幸福"的科目。CCTV要是懂会计,应该采访采访它。你看,货还没出去,钱就进来了,而且还是急不可耐地将钱打进来,生怕晚了货就没了。虽说表面上看起来它属于"愁煞人"的负债,但它其实属于未来的收入,永远不用还钱,什么时候想要增点收入,给点货就好了。原因无他,企业产品牛逼。"预收账款"还是"最悲情"的会计科目,很多时候明明是收入,只是未符合会计上收入的确认条件,只好委屈地"藏"在负债中。

会计科目中的"捣蛋鬼"

有一类会计科目,用途很广,会计看了偷笑,审计见了要哭,它们的名字有一个共同的部分叫"其他",有"其他货币资金""其他应收款""其他应付款""其他业务收入""其他业务成本"等。万能的"其他",没有了它,会计可怎么活啊!正如会计人员自嘲道:"会计一抓瞎,全部进其他。"

会计科目中的"爱恨情仇"

最招人爱恋的会计科目是"应付职工薪酬",它计提得越多,你工资条上的钱也越多;最让人郁闷的会计科目是"应交税费",它是国家凭法律规定强制收取的,并由政府凭借政治权力进行分配;最让人感动的科目是"递延所得税负债",税务局居然纳税调整让你暂时少交点,虽未来还要交,倒也不负"恩泽"。

会计科目中的"和事佬"

会计上有两个"和事佬"科目，它们是"递延所得税资产"和"递延所得税负债"。税务上要按应纳税所得额交税，会计要按利润总额来计算，那还不打起来。不过，有了这两个"和事佬"，事情就和谐了：你税务上算你的"应交税费——应交所得税"，我会计上算我的"所得税费用"，两者出现的差异，就由两个"和事佬"来填补。

其他会计科目之最

最喜新厌旧的会计科目是"投资性房地产"，它本是固定资产、无形资产和开发产品这个大家族中的一员，但它改了名、换了姓，不过血缘还是一脉相承的，其入账成本的确认与这三类资产完全相同，只是投资性房地产在后续计量上有时会标新立异采用公允价值，将忠实的原配历史成本抛在脑后，因此，它有机会左右摇摆。

最包容的会计科目是"其他应收款"，什么都往里"塞"，其实最有可能不是其他应收的款，而是隐藏的收入或费用。

最诡异的会计科目是"商誉"，平时在账簿中根本就见不到它，合并报表时，它才露出真容。

最不靠谱的会计科目是"递延所得税资产"，它是按照纳税调整额多交给税务局的款项，那是有可能有去无回的。

最烦人的会计科目是"持有至到期投资"，它好好的直线摊销法不用，非得用实际利率法，一会儿摊余成本，一会儿利息调整，这样会把外行弄糊涂。它无非是不把购买债券时实际支付的款项与债券成本之间的差额直接作为"投资收益"，而是作为"持有至到期投资——利息调整"，这样，人为地增加每期摊入"投资收益"的处理。

最单相思的会计科目是"应收账款",总是盼星星、盼月亮,盼哪个"负心郎"送温暖。

最浪漫的会计科目是"交易性金融资产",它在名利场上跳舞,有时慢四,有时伦巴,有时就是疯狂的迪斯科。

最想搞外遇的会计科目是"长期股权投资",它总在外面插一脚。

最稳健的会计科目是"固定资产",它的原值总是一动不动。

最谦虚的会计科目是"预计负债",损失还没有产生,就预先估计费用一起入账。

财务杠杆效用与企业资本结构决策

杠杆意味着撬动,财务杠杆是企业赚取更多财富的一种有效方式,如果能够善加利用,将对企业资本决策产生积极影响。笔者将对财务杠杆效用进行定量分析,并阐述其对企业资本机构决策的影响。

阿基米德曾经说过:"给我一个支点,我可以将整个地球撬起。"这句话延伸到财务杠杆上,可以这样说:"只要借给我足够的钱,我就能够赚取更多的财富。"

在财务管理中,负债融资存在着一种杠杆现象,它就是财务杠杆。具体地讲,财务杠杆是指企业在运用负债筹资时所产生的普通股每股收益变动率大于息税前利润变动率的现象。从股东的角度讲,只要投资报酬率大于负债利率,企业的财务杠杆就能为普通股股东增加收益,举债就是对企业有利的。

一般而言,投资报酬率若高于固定的资本成本,财务杠杆发挥的作用就是积极的,能增大普通股每股净收益。但是,当企业的利息升高或所得税前收益下降至某一特定水平以下时,财务杠杆的作用就会从积极转为消极,产生这种转化的根本原因是,企业的固定资本成本(率)已超过投资报酬率,其结果是普通股每股净收益的下降,甚至出现亏损,这便是财务风险的实质所在。

财务杠杆效用也可以用公式量化:财务杠杆效用=负债额×(债务资本利润率-负债利率)×(1-所得税税率)。在负债利率、所得税税率既定的情况下,即在一定的负债规模和税率水平下,负债资本利润率越高,财务杠杆效用就越大;该利润率等于负债利率时,财务杠杆效用为零;小于负债利率时,财务杠杆效用为负。所以,财务杠杆也可能给企业带来负效用,企业能否获益于财务杠杆效用、效益程度如何,取决于债务资本利润率与负债利率的对比关系。

财务杠杆系数

财务杠杆的作用通常用财务杠杆系数(DFL)来衡量,财务杠杆系数的计算公式为:

财务杠杆系数=普通股每股利润变动率÷息税前利润变动率

$$DFL = \frac{\frac{\Delta EPS}{EPS}}{\frac{\Delta EBIT}{EBIT}}$$

式中:DFL——财务杠杆系数;

ΔEPS——普通股每股收益变动额;

EPS——变动前的普通股每股收益;

$\Delta EBIT$——息前税前盈余变动额;

$EBIT$——变动前的息前税前盈余。

通过对上述公式的推导,财务杠杆系数还可以演变为:财务杠杆系数=基期息税前利润÷(基期息税前利润-基期利息)。

$$DFL = \frac{EBIT}{EBIT - I}$$

其中：I——债务利息。

为了更透彻地解释财务杠杆的作用，现举例说明。

甲公司 2016 年在年销售收入为 12 000 000 元时，可变成本为 8 000 000 元，固定成本为 2 000 000 元，利息费用为 500 000 元。假定公司的销售额增长 10%，固定成本不变。甲公司相关指标如表 2-1 所示。

表 2-1　甲公司相关指标的计算　　　　　　　　单位：元

项　　目	2016 年情况	销售额增加 10% 后的情况	百分率变化
销售净额	12 000 000	13 200 000	+10%
减：可变成本	8 000 000	8 800 000	+10%
固定成本	2 000 000	2 000 000	0
成本总额	10 000 000	10 800 000	+8%
利息及所得税前利润（EBIT）	2 000 000	2 400 000	+20%
减：利息费用	500 000	500 000	0
税前利润	1 500 000	1 900 000	+27%
减：公司所得税（税率 25%）	375 000	475 000	+27%
税后利润	1 125 000	1 425 000	+27%
减：优先股股利	300 000	300 000	0
普通股股东可得的净收益	825 000	1 125 000	+36%
普通股每股净收益（EPS）100 000 股	8.25 元/股	11.25 元/股	+36%

根据表 2-1 的数据，计算出该公司 $EBIT$ 为 2 000 000 元水平上的财务杠杆系数为 1.8｛[(11.25－8.25)÷8.25]÷[(2 400 000－2 000 000)÷2 000 000]｝。这表示公司的利息及所得税前利润（$EBIT$）在 2 000 000 元的

基础上每发生1%的变化都会导致普通股每股净收益(EPS)朝同一方向变化1.8%。在上例中,由于销售收入的扩大,公司的 EBIT 增长了20%;又由于财务杠杆作用,公司的 EPS 增长了36%,为每股11.25元。由于投资报酬率高于固定的资本成本,所以财务杠杆发挥的作用是积极的,它增大了普通股每股净收益。

假如公司的 EBIT 下降20%(即从2 000 000元减少到1 600 000元),它也会引起 EPS 下降36%(即从每股8.25元减少到每股5.28元)。显然,当企业的利息及所得税前收益下降至某一特定水平以下时,财务杠杆的作用就会从积极转为消极,产生这种转化的根本原因是企业的固定资本成本(率)已超过投资报酬率,其结果是普通股每股净收益的下降,甚至出现亏损,这便是财务风险的实质所在。

财务杠杆效用分析

(1) 利息抵税效用。我国《企业所得税法》规定,在生产经营期间,向金融机构借款的利息支出,可按照实际发生数扣除。负债的利息抵税效用可以量化,用公式表示为:利息抵税效用=负债额×负债利率×所得税税率。所以在负债利率和所得税税率既定的情况下,企业的负债额越多,那么利息抵税效用也就越大。

(2) 财务杠杆效用。财务杠杆效用也可以用公式量化:财务杠杆效用=负债额×(债务资本利润率-负债利率)×(1-所得税税率)。在负债利率、所得税税率既定的情况下,即在一定的负债规模和税率水平下,负债资本利润率越高,财务杠杆效用就越大;该利润率等于负债利率时,财务杠杆效用为零;小于负债利率时,财务杠杆效用为负。所以,财务杠杆也可能给企业带来负效用,企业能否获益于财务杠杆效用、获益程度如何,取决于债务资本利润率与负债利率的对比关系。

另外,负债是减少管理者和股东之间代理冲突的工具。负债融资将管理者和股东的利益紧密地联系在一起,从而有效地减少了两者之间的代理冲突。

财 务 风 险

负债给企业增加了压力,因为本金和利息的支付是企业必须承担的合同义务。如果企业无法偿还,则会面临财务危机,而财务危机会增加企业的费用,减少企业所创造的现金流量。因此,企业必须从各方面采取措施,加强对财务风险的控制,如果预计企业未来经营状况不佳,息税前利息率低于负债的利息率,那么就应该减少负债,降低负债比率,从而回避将要遇到的财务风险。

启 示

财务杠杆效用和财务风险是企业资本结构决策的一个重要因素,资本结构决策需要在杠杆利益与其相关的财务风险之间进行合理权衡,任何只顾获取财务杠杆利益,无视财务风险而不恰当地使用财务杠杆的做法都是错误的,最终将损害投资人的利益。所以,企业管理者应当根据自身经营方式和偿债能力客观分析和估计市场情况,全面考虑财务杠杆的正、负效用和各种因素,趋利避害,进而确定是否应该负债经营及融资比例为多大,适时调整、优化企业资本结构,理性使用财务杠杆,从而达到效益最佳的目的。

得 ROE 者得天下吗

ROE 是财务上的高频词汇,似乎得 ROE 者得天下,真的是这样吗?

何 为 ROE

曾有相关监管部门人员谈到,我们上市的企业很多,净资产收益率也不低,也挺好的。但是它分红少,这种吝于分红是不应该的。以后市场要造成一种压力,要提升分红,不提升的话,你在这个市场上就很难再融资。

笔者基于分析,重新解读净资产收益率与分红之间的关系。净资产收益率也叫净资产回报率(ROE),它是用来衡量每单位净资产创造多少净利润的指标。其计算公式为:净资产收益率=净利润÷平均净资产总额×100%。由于利润以及净资产都是可以操纵的,如果上市公司以净资产收益率作为判断是否分红的标准,可能陷入误区。

ROE 是判断分红能力的标准吗

大家都认为最能表现投资者赚钱能力的财务指标是净资产收益率,实际上这是一个误会,净资产收益率其实是最能表现投资者盈利能力的财务指标。赚钱与盈利是两个不同的概念。赚钱了,肯定盈利了;但盈利了,却不一定是赚钱了。净资产收益率这个指标是"杜邦分析体系"中的核心分析指标,杜邦分析体系认为,一切企业的行为归根结底都在利润上。比如两家企业同样赚了 100 万元,A 企业用了 600 万元赚得,B 企业用了 1 000 万元赚得,从净资产收益率的角度,那两家企业的盈利能力就不可同日而语了。但是,如果 A 企业赚回的 100 万元是应收账款,B 企业赚回的是现金,到底谁的赚钱能力强呢? 如果应收账款的 100 万元质量差,最终收不回来多少钱,就算 A 企业"盈利能力"再强,它可能不但没赚到钱,反而是垫钱做生意,最终是亏本的。

企业净资产收益率低并不一定没钱分红,净资产收益率高并不见得就有钱分红。计算净资产收益率的分母是净资产,其受公司上市、增发、配股等的影响非常明显。在我国非常高的股票发行价格下,造成了许多公司超额募集到暂时不需用的资金,这些资金往往躺在公司的专用账户中。这种现象的结果是公司净资产成倍大增,然而,利润短期又不可能同步协调跟上,从而使净资产收益率成倍下降,这样的公司虽然净资产收益率低,其实是有钱分红的。

但另外也有一些公司,为了增发股票的需要,可能通过创造性会计手段,达到其利润非常好看的效果,虽然这些利润的含金量低,但是对于达到证监会关于"最近三个会计年度加权平均净资产收益率平均不低于 10%,且最近一年加权平均净资产收益率不低于 10%"的增发条件却是很有帮助的。不要以为这些利润通过利润分配转为未分配利润后,公司就可以分红了,能不能分红,这得看它的构成。如果未分配利润是通过应收账款、应收票据、交易性金融资产(公允价值变动)和投资性房地产(公允价值变动)等尚未收到现金的项目增加而形成的,它的含金量就极低,这些未分配利润是不靠谱的,它是不可能用来分红的,因为它不是赚来的钱。如果强行分红,这些经营不善的公司,就只能拿股东投入的资本来分红或者用银行贷款来分红。

不过，这些未分配利润可以用来弥补以前年度亏损、提取法定盈余公积、提取任意盈余公积等，因为这些只需互换一个项目而已。

净资产收益率低未必不应该分红，净资产收益率高并不一定应该分红。如果在分析利润质量的情况下，以净资产收益率来判断或决定是否分红，是没有道理的。在利润质量较高的情况下，净资产收益率确实反映了公司管理层通过资产的增值获得收益的能力，如果此时 ROE 低得跟国债的收益率差不多，与其将现金留在公司，还不如将其分给投资者。另外，在 ROE 很高的情况下，如高于 20%，与其将现金分给投资者，还不如将现金留在公司内，因为公司发展很好，资产的增值能力非常强，将来会给投资者带来很好的回报。

由此可以看出，以净资产收益率指标作为上市公司是否能分红的判断参考标准，弊病很多，如果改用总资产收益率作为判断的参考指标，则要合理一些，至少可以将对净资产的操纵行为排除，但由于在上市公司中也存在大量的操纵利润行为，改用总资产收益率也会让人不放心。那么到底应该怎么办？笔者的意见是应参考净资产现金回收率，即：经营现金净流量÷平均净资产×100%，以该指标作为是否分红的参考指标，它反映了企业的赚钱能力，只有赚钱了，才可能真正进行分红。

最后需要说明的一点是，净资产收益率并不代表公司的赚钱能力，净资产现金回收率才代表公司为投资者赚钱的能力，该指标的比值越大越好。

未分配利润、分红与企业的赚钱能力

未分配利润的上半身"未分配"很丰满,下半身"利润"很骨感,未分配利润不等于真金白银,当然不等于分红和赚钱能力。

干瘪的未分配利润

"未分配利润"是会计上一个常常会令人误解的概念。很多人以为企业有了巨额的未分配利润就可以分配股利,错了!如果一家企业的经营活动现金净流量为负数,则可以初步判断这家企业的现金利润为负数,哪怕它的未分配利润再大也不可能分红。当然,它可以用来弥补以前年度亏损、提取法定盈余公积、提取任意盈余公积等,因为这只需互换科目而已,但要分配股利,就不一样了,那是要拿出真金白银的。

从概念上讲,未分配利润是企业未作分配的利润,在以后年度可继续进行分配,在未进行分配之前,属于所有者权益的组成部分。从数量上来看,企业未分配利润是期初未分配利润加上本期实现的净利润,减去提取的各种盈余公积和分出的利润后的余额。企业当年实现的利润总额在交完所得税后,其净利润可按以下顺序进行分配:弥补以前年度亏损,提取法定盈余公积,提取任意盈余公积,分配优先股股利,分配普通股股利。最后剩下的

就是年终未分配利润。

只有从未分配利润中剔除"应收账款＋应收票据＋交易性金融资产(公允价值变动)＋投资性房地产(公允价值变动)"后的数额才是真金白银,才能分配优先股和普通股的股利。如果剔除这些后未分配利润很小甚至为负数,你说,分什么?

虽然未分配利润很多时候可能是自欺欺人,但在税务系统中,可不管未分配利润里面有没有钱。比如,税务在稽查时,如果发现企业存在将未分配利润转增个人股东股本,未按规定代扣代缴个人所得税时,就会责令其补扣缴税款并处以罚款,人家才不管你有没有钱。另外,企业歇业注销时,对账上的未分配利润是要视同利润分配全额征20%个人所得税的。

未分配利润与企业分红能力

如果企业财务报表中的"未分配利润"为负数,就是累计未弥补亏损,企业则无法进行利润分配。但作为上市公司实现的净利润一年一年滚存下来的"未分配利润"(注:下面未分配利润的概念都是指它为正数的情况)里到底包括哪些东西?这是一个值得思考的问题。如果没搞清楚未分配利润的内涵,我们可能永远无法理解为什么不少上市公司财务报表中存在巨额的未分配利润,却仍然愿意充当讨股民恨的"铁公鸡",很少分红派现的现象。

未分配利润只是企业账面上的数额,它为正数并不代表企业真的有钱。企业要进行分红派现,必须得有钱,因此,不能将有"未分配利润"作为分红派现的标志。为什么未分配利润常常与企业的现金流不符呢?要了解这一点,我们应该先搞清楚利润到底是什么:由于会计核算上存在职业判断,利润很多时候其实就是一个"毛估估"的数字,会计人员自己也不知道这个"毛估估"是否准确,其实"利润"不是一个具体的东西,原则上是没办法通过第三方验证其准确性的,真是"1 000个会计心中就有1 000个利润的'哈姆雷特'"。再说,利润除现金利润外,还有至少三种形式的利润。它们分别是:①应计利润,就是由应收账款形成的利润;②持有利润,就是由以公允价值计量的资产价值正向波动形成的利润;③虚拟利润,就是通过债务重组形成的利润。目前,只有现金利润才与现金有关,其他三种形式的利润都是没有收到现金的利润,可以用它们进行利润分配,但不可能用来分红派现。

因此,企业即使有了巨额的未分配利润,能不能分配股利,还得看它的构成。如果未分配利润是通过应收账款、应收票据、交易性金融资产(公允价值变动)和投资性房地产(公允价值变动)等尚未收到现金的项目增加而形成的,那么这些未分配利润是不靠谱的,它是不可能用来分配股利的,因为它不是赚来的真金白银。

"未分配利润"中有没有、有多少结转过来的现金利润,大致可以根据现金流量表中的经营活动现金净流量判断出来,如果一家企业的经营活动现金净流量为负数,则可以初步判断这家企业的现金利润为负数,那怕它的未分配利润再大也是不可能用来分红的。

大家可以进一步用每股未分配利润这个指标与是否分红之间的关系来判断未分配利润的质量,如果一家上市公司的"每股未分配利润"很高,但却很少对股东进行现金分红,则表明这家上市公司可能存在严重的造假行为。笔者经过调研,给出一条参考标准:如果一家上市公司的"每股未分配利润"高达3元以上,但它既不扩大再生产,又多年舍不得给股东分红,则可大致判断这样的上市公司是存在财务造假问题的。例如,昆百大公司每股未分配利润超过了3元,但连续多年没有分过红,如果追查这家公司的分红记录,这家公司超过10年(1998—2008年)没有分红过。查看该公司近年的业绩情况,公司净利润一直为正,2008年以后一直也保持着一定的增长速度。

通过对年报的内容进行梳理,我们发现那些存在着好看的未分配利润却不分红的上市公司一般找的理由为:①需要再投资;②担忧流动性不敢放松钱袋子。比如,银基发展近年账上有近亿元可供分配的利润,却不分红。

公司曾公告称,董事会拟订不进行利润分配,也不进行资本公积金转增股本,公司的未分配利润将全部用于重点项目的再投入资金。

说到这里,大家应该明白为什么有些上市公司未分配利润数额很大,但一直当"铁公鸡"不分红了吧。实际上,这只"铁公鸡"看似"大肉鸡",实际上是名副其实的"干瘪鸡",它的真实状况是拿不出真金白银来分红,如果现在强行分红,这些经营不善的公司,就只能拿股东投入的资本或者干脆用银行贷款来分红,这是目前这些上市公司在强制分红政策下要面临的严峻考验。

如何计算企业的真实赚钱能力

全世界的会计界一直将"净利润"视为一个宝。但笔者认为,净利润只是一个"伪"指标。因为净利润是可控的,可以进行盈余管理,也可以进行利润操纵。从一定意义上来讲,可以说要多少利润就可以有多少利润。比如,夸张地说,100个会计师独立编制同一家企业的利润表,可能会得到101个结果,多出来的一个就是审计师调整出来的。笔者认为,这是目前上市公司利润操纵泛滥的根本原因。

如何解决利润操纵这个问题,计算出企业的真实赚钱能力?很简单,放弃以"净利润"为基础的、落后的"利润至上"监管理念,改用以"净现金溢余"为基础的指标体系。

净现金溢余=经营活动产生的现金流量净额+投资活动产生的现金流量净额-[财务费用-(应付利息年末余额-应付利息年初余额)]。净现金溢余为正数,就说明企业赚到钱了;为负数,就表明企业亏了钱。建议大家将净现金溢余指标作为分析上市公司盈利能力的核心指标。它可以真实地反映上市公司赚到手的真金白银,而不是经过人为粉饰后的账目虚拟财富。

以"净现金溢余"作为判断的指标,可以让那些通过财务造假而表面上看起来盈利的"假肉鸡"暴露其本来面目。为什么有的上市公司多年来在账面上一直是盈利,但在分红上却是"铁公鸡"? 真正的原因是实在拿不出现钞给大家,原因很简单,利润是做出来的,现钞可不能用假币。

不过,大家不要以为改用"净现金溢余"为基础的考核和监管指标,就不存在利润操纵的现象,这是错误的观点,因为以"净现金溢余"为基础后,重心就转移到了"现金流量表",由于现金流量表中的"经营活动现金流量"与利润是紧密关联的,因此,现金流量表也可以造假,如有些上市公司通过虚构收入方式虚增经营性现金流入,再以投资的名义将虚增的现金流消化掉,使其账面现金流很好看,显示很强的获取现金能力,但实际上只是玩数字游戏。

再说,现金流量表再怎么造假,也只能在其中的"经营活动现金流量"和"投资活动现金流量"中做点数字游戏,但"净现金溢余"这个数字是造不出来的,它是刚性的、固定的,只要亲自去银行,审计人员是可以"数"出来的。

实际利率法在会计准则中的运用

实际利率法往往令人眼花缭乱、神志不清。大道至简,用简单的语言解释其本质,则运用之妙存乎一心。

会计准则关于金融资产的内容有点繁杂,好好的直线摊销法不用,非得采用实际利率法,一会儿摊余成本,一会儿利息调整,非把"兄弟姐妹们"整糊涂才罢休。因为它不把购买债券时实际支付的款项与债券成本之间的差额作为"投资收益",而把其作为债券的利息调整(持有至到期投资——利息调整),这样就人为地增加了每期摊入"投资收益"的处理了。比如,"持有至到期投资"科目就很烦人,容易把大伙整糊涂。它无非是不把购买债券时实际支付的款项与债券成本之间的差额直接作为"投资收益",而是作为"持有至到期投资——利息调整",这样,人为地增加每期摊入"投资收益"的处理。

在现行《企业会计准则》下,实际利率法在《企业会计准则第 4 号——固定资产》《企业会计准则第 6 号——无形资产》《企业会计准则第 14 号——收入》《企业会计准则第 17 号——借款费用》《企业会计准则第 21 号——租赁》和《企业会计准则第 22 号——金融工具确认和计量》6 个具体会计准则中得到运用。

会计准则中涉及实际利率法的业务

具有债务性质的业务

(1) 具有融资性质的延期付款购买资产(固定资产、无形资产),会计处理:分摊未确认融资费用至财务费用。

(2) 融资租入固定资产,会计处理:分摊未确认融资费用至财务费用。

(3) 长期借款,会计处理:计提利息费用并将其计入在建工程或财务费用等。

(4) 发行长期债券,会计处理:①应付债券,计提利息费用并将其计入在建工程或财务费用等;②应付可转换公司债券,转换前计提利息费用并将其计入在建工程或财务费用等。

具有债权性质的业务

(1) 具有融资性质的分期收款销售商品,会计处理:分摊未实现融资收益并冲减财务费用。

(2) 融资出租固定资产,会计处理:分摊未实现融资收益并冲减财务费用。

(3) 购买债券,按购买意图分为持有至到期投资和可供出售金融资产(债券)两类,会计处理:计算利息收入并将其计入投资收益。

(4) 特殊行业购买存在弃置费用的固定资产,会计处理:计提预计负债利息费用至财务费用。

实际利率法的应用总结

采用实际利率法,按照金融资产或金融负债的摊余成本和实际利率计算确认利息收入或利息费用,其中摊余成本是指该金融资产(负债)的初始确认金额经下列调整后的结果:①扣除已偿还的本金。②加上或减去采用实际利率法将该初始确认金额与到期日金额之间的差额进行摊销形成的累计摊销额。③扣除已发生的减值损失。

实际利率法基本计算公式:①实际利息=期初摊余成本×实际利率;②应收利息=票面面值×票面利率;③期末摊余成本=初始金额-已偿还本金-累计摊销额-减值损失。

公式扩展一:期末摊余成本=面值-尚未摊销的利息调整(折价发行)=面值+尚未摊销的利息调整(溢价发行)。

公式扩展二:期末摊余成本=未来现金流入的现值=预计每年产生的利息流入的现值(实际利息-现金流入)+到期日产生的现金流入的现值。

其中,摊余成本是指该金融资产(负债)的初始确认金额经下列调整后的结果:①扣除已偿还的本金;②加上或减去采用实际利率法将该初始确认金额与到期日金额之间的差额进行摊销形成的累计摊销额。③扣除已发生的减值损失。

表2-2总结了会计实务中实际利率法的应用。

表2-2 实际利率法在会计实务中的应用

内容	会计处理
延期付款且超过正常信用条件购买固定资产	分摊未确认融资费用至财务费用
融资租入固定资产	分摊未确认融资费用至财务费用
特殊行业购买存在弃置费用的固定资产	计提预计负债利息费用至财务费用
延期付款且超过正常信用条件购买无形资产	分摊未确认融资费用至财务费用
持有至到期投资的后续计量	计算利息收入并将其计入投资收益

(续表)

内容	会计处理
可供出售金融资产(债券)	计算利息收入并将其计入投资收益
应付债券的期末计量	计提利息费用并将计入在建工程或财务费用等
应付可转换公司债券转换前	计提利息费用并将其计入在建工程或财务费用等
长期借款的期末计量	计提利息费用并将其计入在建工程或财务费用等
采用递延方式分期收款且实质上具有融资性质的商品销售	分摊未实现融资收益并冲减财务费用

【**注意**】当取得长期借款与合同约定的数额不一致时,则有"利息调整",也就意味着实际利率与合同利率不一致,后续期间涉及利息调整的摊销;若取得的长期借款就是借款合同约定的数额,则没有"利息调整",也就意味着实际利率和合同利率是相同的。一般情况下,长期借款不存在折价或者溢价的情况,不存在利息调整,但与长期借款采用摊余成本进行后续计量并不矛盾,只是这个摊余成本等于本金而已。

现金管理问题刍议

现金具有魔力,管得好则财源广进,管不好则人去财散。

现金的会计主体

趣味问题:

有3个人到旅店投宿,三人房一晚300元,3个人每人掏了100元,凑够300元交给老板,后来老板说今天优惠,只要250元就够了,拿出50元让服务生退还给他们,服务生私藏了20元,然后把剩下30元给了那3个人,3个人每人分到10元,这样一开始每人掏了100元,现在又退回10元,每人只花了90元,3个人每人90元,3×90=270(元),再加上服务生私藏的20元共290元,那么,还有10元去了哪里?

对这个问题,用会计分录可以这样解释:

1. 老板

借(增):库存现金250元

　　贷(增):主营业务收入250元

2. 服务生

借(增):库存现金20元

　　贷(增):营业外收入20元

3. 客人

借(增):房租费用 270 元

　　贷(减):库存现金 270 元

4. 对账后的两个平衡关系

(1) 现金的借贷都是 270 元,是平衡的。

(2) 房租费用＝主营业务收入＋营业外收入＝270 元,也是平衡的。

客人掏的是 270 元,分别为老板所得 250 元,服务生私藏的 20 元,也就是说服务生私藏的 20 元已经包括在客人消费的 270 元中了。因此,300 元的去向是:3 人的 30 元＋老板的 250 元＋伙计的 20 元。题目属于偷换概念,用现金 300 元去比较房租费用 270 元＋营业外收入 20 元,肯定是错误的了。这道题,只要搞清楚会计主体,用会计的思维方法,就很容易解答了。

以上会计分录的趣味运用,说明在生活中,会计无处不在,分录无处不在。会计是商业经济活动以分录方式表达出来的语言。且此种语言是不同企业的通用语言,能让企业自己用这个语言表达经济业务,同时让相关者看清楚企业的经营,而会计分录就是此语言表达的载体。

写到这里应该可以结束了,但大家是不是有点意犹未尽啊！笔者思考,是不是还可以从上述案例中谈谈现金的内部控制及管理对当下反腐以及税收征管的作用。

现金的内部控制

在本案中,由于老板给服务生现金 50 元去退还给三位客人,这样就给这位服务生创造了侵吞 20 元的机会,估计这三位客人是农民,没地方报销,如果他们要发票,估计这位服务生就不敢贪污这 20 元钱了,因为发票肯定是要开 270 元,这就与老板的收入 250 元对不上。这样,国家也不会损失相应的税款。另外,如果这位老板很时尚,告诉服务生用网银退 50 元给客人,

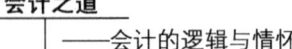

服务生也是没办法侵吞这20元的,因为会留下支付痕迹。说到这里,大家可能会理解,为什么有些老板这么喜欢使用现金,原因就是可以脱离监控。当然,贪官喜欢现金也是一样的道理。原国家能源局煤炭司某位副司长就拥有超过2亿元的现钞,还有就是原广州市某贪官也拥有超过1亿元的现钞,不是他们真的要天天抱着钱睡觉,那是金屋藏"钱"又不是金屋藏"娇",贪官将现金存入家中看似很笨,实则暗藏"智慧",因为这种方式很难监管。

可以说,要从源头上遏制腐败,必须加强现金管理。可惜我国现行现金管理制度不健全,平时可以轻易获得大量现金,且不直接反映在账面上,这就是传说中的"小金库"。现金往来不留痕,以现金形式进行的行贿受贿甚至洗钱就具有隐蔽性。因此,通过立法建立和完善大额现金交易预约和现金存取登记制度,限制大额现金交易,使个体不能轻易从银行中取出大额现金,增大以现金方式大额行贿受贿的难度,从源头上遏制腐败。

另外,目前我国税收征管主要是通过发票管理掌握税源,进行征税。但许多企业在高税负下,购销商品可能就不开发票,在现金交易大量存在的情况下,国家无法进行有效监管,导致"以票管税"制度失灵。笔者认为,"以票管税"真正意义上要以资金流管税才行,推广非现金结算,通过资金流掌握税源的变动,不管你建不建账,开不开票,通过现金流的监管,都可以轻易发现和堵塞税收漏洞。如果以这种思路改到位的话,我国就基本具备了降税负的条件,政府可以通过认真测算,让税负降到"舒服"为止,在切实降低税负的前提下,企业如果还搞偷税、漏税行为,就该严惩了。这样,也让那些头上时刻悬着一把"达摩克利斯之剑"的企业主,心灵得到解脱了,这是积德的善事啊!

所得税会计与盈余管理

本节介绍一下"所得税费用"和"应交税费——应交所得税"之间数量关系的变化逻辑,阐述一下所得税会计的核心内容,并对常用的通过所得税会计进行盈余管理的方式进行了解释。

所得税会计的核心

很多人觉得所得税会计非常难以理解,其实所得税会计是比较简单的,所得税会计的处理实际上只有一个唯一的分录,说到底主要就是围绕一个分录的四个科目进行核算:

借:所得税费用

  递延所得税资产

 贷:应交税费——应交所得税

  递延所得税负债

"所得税费用"是会计上确认的数据,"应交税费——应交所得税"是税务局要的数据,它们之间的差异,就是递延所得税。"所得税费用"小于"应交税费——应交所得税"就产生递延所得税资产,"所得税费用"大于"应交税费——应交所得税"就产生递延所得税负债。

【注意 1】 在上述分录中,递延所得税资产和递延所得税负债的发生额的对应科目除"所得税费用"科目外,还可能涉及"商誉""资本公积"两个科目;"应交税费——应交所得税"对应的科目一定是"所得税费用"。另外,如果属于资产负债表日后调整事项,还可能涉及"以前年度损益调整——所得税费用"科目。

【注意 2】 "递延所得税资产"科目,产生时在借方,转回时在贷方;"递延所得税负债"科目,产生时在贷方,转回时在借方。

"递延所得税资产"和"递延所得税负债"好比"应交税费——应交所得税"的替身。比如,应交税费为 100 万元,税务局说可以少交 30 万元,无非是用递延所得税负债充当一个替身从应交税费中抵减 30 万元;反之,税务局说要多交 30 万元,无非是用递延所得税资产充当替身,让应交税费增加 30 万元。不管多交少交,会计上的所得税费用都是 100 万元。

少交时:

借:所得税费用　　　　　　　　　　　　　　　　1 000 000
　　贷:应交税费——应交所得税　　　　　　　　　　700 000
　　　　递延所得税负债　　　　　　　　　　　　　　300 000

多交时:

借:所得税费用　　　　　　　　　　　　　　　　1 000 000
　　递延所得税资产　　　　　　　　　　　　　　　300 000
　　贷:应交税费——应交所得税　　　　　　　　　1 300 000

递延所得税资产的本质就是税务局不同意企业计算出来的所得税数额,而让企业多交的一部分,但允许企业在以后年度弥补回来,所以这一部分要记账,记账得有个科目,这就是"递延所得税资产"科目的由来;同理,少交的部分,就通过"递延所得税负债"科目核算。

递延所得税资产对企业而言,相当于先垫支给税务局的款项;递延所得税负债对企业而言,相当于企业得到税务局的一笔贷款。

用一句话概括就是——递延所得税资产:好人终有好报,只要你愿意等;递延所得税负债:出来混的,迟早要还的。

递延所得税资产的确认与盈余管理

递延所得税资产确认的原则:资产的账面价值小于其计税基础的、负债的账面价值大于其计税基础的,形成的是可抵扣暂时性差异,估计在未来期间能够取得应纳税所得额,应当以很可能取得用来抵扣暂时性差异的应纳税所得额为限,确认相关的递延所得税资产。

递延所得税资产的确认与计量,直接关系到所得税费用的大小,进而影响企业的净利润和净资产。所得税会计准则对于递延所得税资产的确认没有提出严格的限制条件,只是规定企业在确认递延所得税资产时,要考虑未来期间应纳税所得额的可能性。这主要取决于企业管理层的主观判断,有一定的主观性,并极有可能成为企业操纵利润的工具。

实际上,企业账面上未弥补的亏损是一笔财富,而不是包袱。ST鞍钢2012年递延所得税调整高达-11.16亿元,将55亿元的税前亏损减少为43.8亿元,导致公司的递延所得税资产由2011年年底的23.9亿元增加至2012年年底的34.9亿元。如此大笔的递延所得税资产,主要是由于公司的可抵扣暂时性差异及可抵扣亏损,由2012年年初的77.9亿元增加至年末的124.5亿元,对应确认的可抵扣亏损的递延所得税资产,由年初的19.48亿元增加至年末的31.13亿元。巨额递延所得税资产无疑将可抵扣未来公司盈利时的应纳所得税。2013年一季报,该公司税前利润总额达5.19亿元,但公司相应交纳的所得税合计为-700万元,导致其净利润为5.26亿元。2013年半年财报中ST鞍钢业绩扭亏为盈,递延所得税的确认"功不可没"。

不过,巨额递延所得税资产也暗藏"杀机"。如果钢铁行业持续低迷,公司未来的盈利不足,会导致其递延所得税资产无法有效抵扣,可能产生递延所得税资产的巨额减值。届时对当年利润会产生极大的负面影响。

工薪收入分解与职工福利的税收筹划

面对企业，会计人员需要参与核算与管理，以提高企业的"收入"；面对企业职工，会计人员需要熟知法规政策，以为职工的福利做筹划。

庖丁解薪

中央政府近年来一直在开展降低实体经济企业成本的行动，转变政府职能、简政放权，进一步正税清费，清理各种不合理收费，降低社会保险费，研究精简归并"五险一金"。

"五险一金"费率

中国社保体系主要由"五险一金"组成。下面以北京市"五险一金"为例具体说明。

养老保险缴费比例：单位 20%（其中 17% 划入统筹基金，3% 划入个人账户），个人 8%（全部划入个人账户）；医疗保险缴费比例：单位 10%，个人 2%＋3 元；失业保险缴费比例：单位 1.5%，个人 0.5%；工伤保险缴费比例：根据单位被划分的行业范围来确定工伤费率，一般为 0.3%，个人不交钱；生育保险缴费比例：单位 0.8%，个人不交钱。非工作所在地户口的员工没有这个,所以非工作所在地户口的员工最多只有"四险一金"。公积金缴费比例:根据企业的实际情况,选择住房公积金缴费比例。一般情况下,住房公积金费率为24%,单位和个人各交纳工资的12%。但原则上最高缴费额不得超过北京市职工平均工资300%的10%。综合一下,就可以得出"五险一金"缴费率相当于税前工资总额的66.33%,企业社保负担非常沉重。

相关数据显示,在将中国社保费率与125个国家的社保费率对比后发现,只有11个国家的社保费率超过40%,而且主要是发达的福利国家,目前中国社保费率高于德国、美国,也高于日本、韩国。企业最迫切的呼声就是尽快降低养老金费率。

税前月薪1万元应纳的税金

税前月薪1万元,每月"五险一金"以及个税加一起就要6 955.70元,这看起来,好像有问题,有些人可能会问,再加上交纳的个税,难道税后就拿不到3 000元?这就是不了解"五险一金"除了个人交纳的部分外,主要还有企业交纳的部分。

(1) 个人缴费——社保与公积金缴费明细:养老8%:800元;医疗2%:203元(200+3);失业0.2%:20元;公积金12%:1 200元。个人缴费合计:2 223元。个税:应纳税额总计:4 277元,交纳个税:322.70元。

(2) 单位缴费——社保与公积金缴费明细:养老20%:2 000元;医疗10%:1 000元;失业1%:100元;工伤0.3%:30元;生育0.8%:80元;公积金12%:1 200元。单位缴费合计:4 410元。从上面的计算中,可以知道,到手收入:10 000-2 223-322.70=7 454.30(元);单位用工支出总计:10 000+4 410=14 410.00(元)。

单位每月付出了14 410元,职工个人拿到了7 454.30元。之间6 955.70元的差额,究竟去了哪里?下面再以图2-1作出说明。

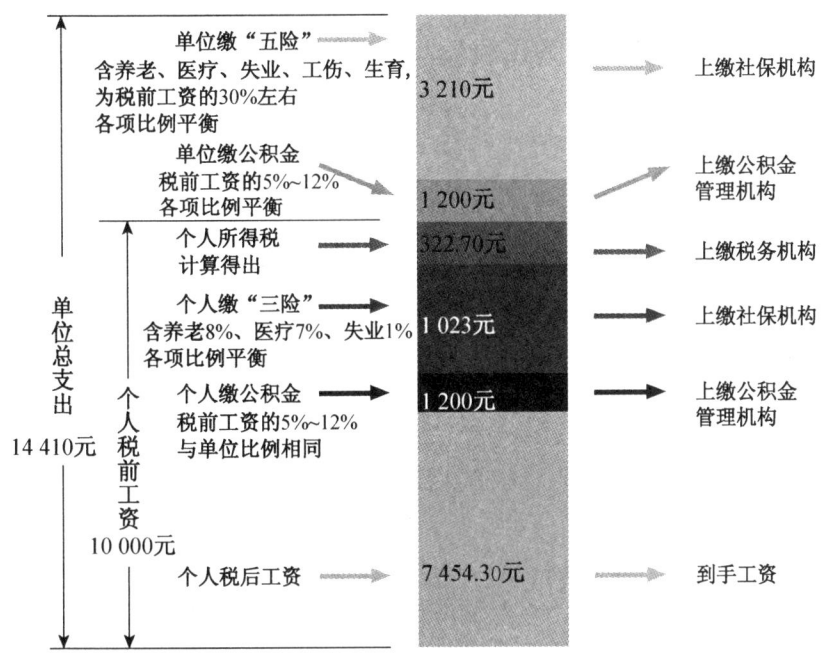

图 2-1　工薪所得收入构成（月薪）

其中，单位交纳的"五险"3 210 元、个人交纳的"三险"1 023 元，上缴社保机构；单位交纳、个人交纳的公积金各 1 200 元，上缴公积金管理机构；个人所得税 322.70 元上缴税务机构。

当你税前月薪为 10 000 元时，实际拿到手的现金为 7 454.30 元，占单位实际用工成本 14 410 元的比例为 51.73%，已经超过一半了。单位需要负担的金额，约为个人到手金额的两倍。

当然，"五险一金"还是有相当一部分会回到我们手中的。但拿回的钱可能早已经贬值。今天我们的收入，再加上个人拿工资去消费时交纳的商品税款，确确实实有一半以上被有关部门拿走了。这一点，谁都无法否认。

"五险一金"的会计处理

为了让大家更充分完善地了解"五险一金",现将其会计处理方法也一并讲解。根据相关的会计准则,现列举"五险一金"的会计处理流程。

假定上面拿税前 1 万元月薪的职工属于管理部门,让我们一起来给他做做会计分录吧!

(1) 计提工资。

借:管理费用 10 000
(生产成本、研发支出、制造费用、销售费用)
　贷:应付职工薪酬——工资 10 000

(2) 计提养老、医疗、失业、生育、工伤保险(企业负担部分)。

借:管理费用——社会保险费 3 210
　贷:应付职工薪酬——社会保险费 3 210

(3) 计提住房公积金(企业负担部分)。

借:管理费用——住房公积金 1 200
　贷:应付职工薪酬——住房公积金 1 200

(4) 发工资(代扣个人承担部分)。

借:应付职工薪酬——工资 10 000.00
　贷:其他应付款——社会保险费 1 023.00
　　其他应付款——住房公积金 1 200.00
　　应交税费——应交个人所得税 322.70
　　银行存款 7 454.30

(5) 交纳单位部分的社保以及个人承担部分由单位代扣代缴的社保。

借：其他应付款——社会保险费　　　　　　　　　　　1 023

　　应付职工薪酬——社会保险费　　　　　　　　　　3 210

　贷：银行存款　　　　　　　　　　　　　　　　　　4 233

(6) 交纳单位部分住房公积金以及个人承担部分由单位代扣代缴的公积金。

借：其他应付款——住房公积金　　　　　　　　　　　1 200

　　应付职工薪酬——住房公积金　　　　　　　　　　1 200

　贷：银行存款　　　　　　　　　　　　　　　　　　2 400

(7) 交纳个人所得税。

借：应交税费——应交个人所得税　　　　　　　　　　322.70

　贷：银行存款　　　　　　　　　　　　　　　　　　322.70

工资薪金收入中包含的政治经济学

马克思剩余价值公式为：$W=C+V+M$（其中W为商品价值，C为不变资本价值，V为可变资本价值，M为剩余价值），从这个公式可以看出，V和M是企业全体职工通过劳动创造出来的价值，也就是劳动作用于生产对象C上，创造出了具有特定使用价值的商品，现代社会的大生产特点是银行介入实业的程度越来越深，银行给实业贷款，也要赚取利息，这样，马克思剩余价值的公式可以修正为：$W=C+V+I+M$。

还需要指出一点，就是剩余价值M中包括了企业主的利润以及税款，虽然马克思一直刻意回避税收，但改变不了M中包含税款的事实，这样，马克思剩余价值的公式可以进一步修正为：$W=C+V+I+T+M'$。

会计分录其实最能反映企业经济事项的本质，从上面分录中的"应付职工薪酬""其他应付款"以及"应交税费"科目，我们可以看出，企业主与职工、银行、政府的关系是债务人与债权人之间的关系,不管制造出来的产品能不能循环回来(实现销售)并产生一个更大的货币 G',这些工资、利息以及税款都是必须支付的,也就是说创造出来的 $V+I+T+M'$ 要在职工、银行、政府以及企业主之间进行分配,正是由于它们之间的债权债务关系,对于职工工资、银行利息以及政府税款的支付是一种刚性,不管你赚不赚钱,也就是不管 M' 为正还是为负,都必须支付。

视同销售与进项税额转出

视同销售与进项税额转出是会计与税务的"干儿子",这两者让会计与税务分不清、撕不开。

什么是视同销售

比如,某产品含税价为117元,你有权利将该产品送人,但你没有权利将所含的17元税送人,这17元只能归税务局,也就是需要缴税,这就叫"视同销售"。因此,国家有规定:自己的产品,无论送人、对外投资或自己留用,都应与卖出产品一样缴税。其实,视同销售是国家舍不得送税闹腾出来的,所以会计上不作为销售,税法上却作为销售。

什么是进项税额转出

进项税额转出就是企业购进的货物发生非常损失,以及将购进货物改变用途时,税务局不让企业用那些已经记入"应交税费——应交增值税——进项税额"科目的借方数额进行抵扣,通过借记有关科目,贷记"应交税费——应交增值税——进项税额转出"科目,以加大"应交税费"科目的贷方

数额达到不让抵扣的效果,增值税进项税额转出严格意义上只是会计的一种做账方法。

下面我请"著名会计专家"徐志摩先生给大家讲讲进项税额从销项税额中抵扣的原理:

徐志摩:"悄悄的我走了"(应交税费——应交增值税——销项税额);"正如我悄悄的来"(应交税费——应交增值税——进项税额);"我挥一挥衣袖"(应交增值税＝销项税额－进项税额);"不带走一片云彩"(利润)。

如何判断该作"视同销售"处理还是"进项税额转出"处理

对于某一经济事项,增值税"视同销售"和"进项税额转出"不能共存,即"视同销售"了,肯定不要"进项税额转出";"进项税额转出"了,肯定不能"视同销售"。如何正确区分增值税视同销售货物行为和进项税额转出有两个标准:一看是否增值,二看对内还是对外。

(1) 看是否增值,若增值则一切都为视同销售。生产的产品和委托加工的产品都属于增值了的,不论对内(消费、职工福利、用于非应税)还是对外(分配、捐赠、投资)都为视同销售,应计算销项税。

(2) 如果未增值,则看对内还是对外,对内不得抵扣(要做进项税额转出处理),对外视同销售。购进的材料,属于未增值的情况,对内(消费、职工福利、用于非应税等)不得抵扣进项,要作进项税额转出。

若购进材料,对外(分配、捐赠、投资)视同销售,要开增值税专用发票。视同销售行为中容易混淆,并且难以准确判断的情况,具体可以这样来判断:

(1) 凡自产或委托加工的货物,无论对内(消费、职工福利、用于非应税)还是对外(分配、捐赠、投资),一律视同销售。

(2) 凡是外购的货物,只有对外(分配、捐赠、投资)才视同销售,对内(消费、职工福利、用于非应税)不视同销售,要做进项税额转出。

会 计 核 算

本节以会计准则为基础,逐一分析视同销售和进项税额转出的会计处理。会计准则规定:企业将非现金资产(外购、委托加工或自产)用于对外投资、对外捐赠、抵偿债务、换取其他资产、分配给股东、奖励给职工、作为样品送给他人等方面,由于非现金资产的所有权发生了转移,应当视同按照公允价值销售(或处置)处理,确认当期损益或利得。对于将资产产品用于管理部门、在建工程、固定资产、对外出租、同一法人实体内部的各营业机构之间的转移等行为,其所有权没有发生转移,不确认损益。

为了方便对比,我们假设自产的货物耗用原材料 1 000 元,对外销售价格 2 000 元,下面的例子均按照此金额进行分析。

视同销售的会计处理

八种视同销售类型中,前三种属于常规的情形,在此不做分析,仅分析后五种。

(1) 将自产或者委托加工的货物用于非增值税应税项目,如将自产的货物用于在建工程。

分析:由于货物的所有权未发生转移,会计上不确认损益;但是增值税法规定改变用途需要视同销售按规定公允价计算销项税额=2 000×17%=340(元)。

借:在建工程   1 340
  贷:库存商品(账面价值)   1 000
    应交税费——应交增值税——销项税额   340

(2) 将自产、委托加工的货物用于集体福利或者个人消费,如用于集体福利。

分析:由于用于集体福利,货物的所有权未发生转移,会计上不确认损益;但是税法规定改变用途需要视同销售按规定公允价值计算销项税额＝2 000×17%＝340(元)。

借:应付职工薪酬——福利费　　　　　　　　　　　　1 340
　贷:库存商品(账面价值)　　　　　　　　　　　　　　1 000
　　应交税费——应交增值税——销项税额　　　　　　340

又如,将自产货物用于个人消费:由于货物的所有权发生转移,会计上应当按照公允价值确认损益,这与增值税法的规定一致。

借:其他应收款(或相关科目)　　　　　　　　　　　　2 340
　贷:主营业务收入　　　　　　　　　　　　　　　　　2 000
　　应交税费——应交增值税——销项税额　　　　　　340

结转成本时:

借:主营业务成本　　　　　　　　　　　　　　　　　1 000
　贷:库存商品　　　　　　　　　　　　　　　　　　　1 000

(3) 将自产、委托加工或者购进的货物作为投资,提供给其他单位或者个体工商户,如用于对外投资。

分析:由于货物的所有权发生转移,会计上应当按照公允价值确认损益,这与增值税法的规定一致。

确认投资时:

借:长期股权投资　　　　　　　　　　　　　　　　　2 340
　贷:主营业务收入　　　　　　　　　　　　　　　　　2 000
　　应交税费——应交增值税——销项税额　　　　　　340

结转成本时：

借：主营业务成本 1 000
　　贷：库存商品 1 000

（4）将自产、委托加工或者购进的货物分配给股东或者投资者。

分析：由于货物的所有权发生转移，会计上应当按照公允价值确认损益，这与增值税法的规定一致。

借：应付股利 2 340
　　贷：主营业务收入 2 000
　　　　应交税费——应交增值税——销项税额 340

结转成本时：

借：主营业务成本 1 000
　　贷：库存商品 1 000

（5）将自产、委托加工或者购进的货物无偿赠送给其他单位或者个人。

分析：由于货物的所有权发生转移，会计上应当按照公允价值确认损益，这与增值税法的规定一致。

借：营业外支出 2 340
　　贷：主营业务收入 2 000
　　　　应交税费——应交增值税——销项税额 340

结转成本时：

借：主营业务成本 1 000
　　贷：库存商品 1 000

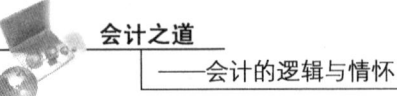

进项税额转出的会计处理

增值税进项税额转出所有情形均为出现所有权转移的情况,因此会计上不确认损益,假设购进的货物购入价 2 000 元,购进时税额已抵扣。

(1) 用于非增值税应税项目、免征增值税项目、集体福利或者个人消费的购进货物或者应税劳务。

借:应付职工薪酬——福利费　　　　　　　　　　　　2 340
　贷:库存商品　　　　　　　　　　　　　　　　　　2 000
　　应交税费——应交增值税——进项税额转出　　　　340

(2) 对于非正常损失的购进货物及相关的应税劳务,非正常损失的在产品、产成品所耗用的购进货物或者应税劳务。假设损失已获管理层确认。

借:营业外支出　　　　　　　　　　　　　　　　　　2 340
　贷:库存商品　　　　　　　　　　　　　　　　　　2 000
　　应交税费——应交增值税——进项税额转出　　　　340

资产减值与爱情观念

资产减值是会计之术，资产减值背后的逻辑同样也是人生的处事之道。

资产中的"屌丝"

有人问笔者啥是"屌丝"，笔者说，拿会计语言来讲的话，资产减值准备就是"屌丝"，只不过它是资产中的"屌丝"。这些"屌丝"都是费用，不过"屌丝"也有逆袭的，流动资产就属于这一类，时来运转时，减值准备可以转回去，"屌丝"也就逆袭成功了。不过，对于"屌丝"长期资产，由于技术的进步，没有逆袭的机会，那是永远的"屌丝"。

会计原理告诉我们，男人要是30岁还单身，对他的计量必须根据其能力来判断。如果他是一个失败者，以没好爹为由，破罐子破摔，那就只能用历史成本计量，并大额计提减值准备。如果他是一只"金龟"，有修养、有文化，自己开公司或当高管，有姑娘主动会追求他，那就只好用公允价值计量，越老越升值！如果他介于两者之间，既不是失败者也不是"金龟"，那该用可变现净值为基础核算，时不时得与市价对比一下，鞭策他不要让身价低于市价而被迫计提跌价准备。

会计原理同样告诉我们，女孩子一定要及时将自己嫁出去。如果一个

女孩子过了22岁的花样年华还未嫁出去,对其就要按平均年限法计提折旧;如果等到28岁仍然待字闺中,对不起,对其要用双倍余额递减法计提折旧了;如果30岁了,还孤单一人,加速法已不能真实反映贬值的速度了,只好大额计提减值准备。

当然,千万别对号入座,因为每个人都是特例。

爱情与减值

曾经有一位到了结婚年龄的女孩觉得男友穷并且还不上进,问笔者要不要和他分手。笔者说,你到现在才想起要进行资产处置,你认识他那么长时间难道不知道他是啥样的资产?如果你是抱着无所谓的心态,以后你的新男友也会对你提取减值准备的。

不过,有的男人就是没出息,一瓶可乐都请不起,还总是跟人家女孩子玩权责发生制,对她吹牛皮、画大饼。

谈恋爱总会有吵架,原因无外乎是感觉自己应收的情感没有收到,但就算再生气也要适可而止,提点坏账准备就可以了,未来还是有机会转回来的。千万不要张口闭口要人滚,这种态度就是对爱情这项无形资产计提减值准备了,减损了就永远减损了,未来是转不回来的。因此,如果你不想分手,就千万别吵得太过分。这就是可转回和不可转回的资产减值准备的本质区别。

资产减值的逻辑

有朋友说减值准备不太好懂,其实如果说折旧是温柔一刀,那么减值就是暴风骤雨。会计上要保持减值的资产账面价值不变,因此,就搞出了八个减值准备类科目。如果可以变动账面价值,减值时直接贷记这些资产的相

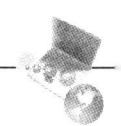

应科目就可以,如发生坏账了,直接贷记应收账款。

有朋友问笔者,为什么会计制度中有那么多的减值准备科目?其实原因很简单,就是明确告诉你资产中含有"水分",用这些减值准备类科目将"水分"挤出来,挤干净。当然,现实中,有的上市公司会根据盈余管理目标来测定应挤哪里,用多大的力,挤多少,甚至可能先故意加点水,然后看情况再挤挤,反正就是挤来挤去,加来加去,就这么一回事。

资产中应该费用化,进到利润表中去的东西,没有及时费用化,而呆在资产中,就成了"水分"了。大家看到的资产负债表上的减值准备,就是它挤到利润表中的水分。

中国会计准则为了防止利润操纵,规定长期资产的减值准备不能转回。其实防不胜防,因为处置资产时减值准备需要转出,如果上市公司在资产转让实际发生前大额计提减值准备,处置资产时则相应大额转出减值准备,同样可以操纵利润,监管部门应对这种操纵利润的新动向做出预判,如果太过分,应将其界定为"会计差错"甚至"财务造假"。

比如,一项固定资产原价为1 000万元,计提的折旧为200万元,如果以600万元出售,就亏了200万元;如果在以前年度提取了减值准备600万元,就成了盈利400万元。有的时候,会计可以玩数字游戏!

某些公司会想,反正已经亏损了,就破罐破摔,让它一次亏个够,以后可计提的减值准备也会减少,盈利空间增大,而且以后处置时是借"银行存款、折旧、减值准备"科目,贷"资产账面价值(固定资产清理)、营业外收入"科目,借贷相等,营业外收入当然高了,这便成了利润操纵!

长期资产减值准备按准则的规定不准许转回去了,但为什么有些上市公司在亏损时还要"洗大澡",让它"一次亏个足够"呢?其实在亏损时多计提减值有两个好处:①可以减少以后年度的折旧费用,为盈利腾出空间;②为处置该项资产作准备,这些减值准备的转出,会导致出售该项资产的账面余额因小于市价而盈利。

纵观会计准则中资产减值一章,很多人以为复杂,其实简单得很,通篇只有一个会计分录再加上小学文化水平可以理解的数学分摊题。即借记"资产减值损失"科目,贷记"××资产减值准备"科目,然后,就是减值损失的分摊。其分摊原则为按照各资产或资产组的账面价值进行,其间会发生一些特殊情况,也就是玩些小"花样",需要进行相应的小调整。

第三章 大会计视野看会计术变之财务造假

财务并不是一门科学,而是一门艺术。作为艺术品的财务报表是越来越"性感",像沙滩上穿比基尼的少女,让你能够欣赏到她美丽漂亮的身材,但对关键的地方又能够遮盖得恰到好处。

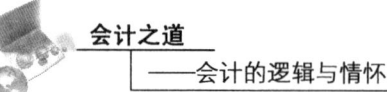

经典财务造假案例再现与述评

财务造假是我国资本市场上屡见不鲜的现象,其产生、发展与治理伴随着我国资本市场的每一次变革。笔者对近几年比较典型的造假案例进行简要回顾与述评。

万福生科造假现场重现

万福生科 IPO 造假再现

万福生科很"聪明"地选择了虚增"在建工程"和"预付账款"项目,当时它的募集资金建设项目还在建设中,这样做不至于引人注目。至于预付账款,谁也不知道是不是真的预付,它就是走了一下账,钱实际上又回来了。这种虚增收入的方法比简单地用"应收账款"虚增收入要复杂得多。

上市不到一年,还没有经过一个完整的会计年度,万福生科便被曝出财务造假丑闻,其变脸的速度被市场认为比造假上市的*ST 大地有过之而无不及。从这家企业 2012 年中报造假的情况来看,结合其 IPO 时的各路信息,基本可以推断,这家企业以前就是造假上市的。

万福生科为上市而编造谎言,并不得不在其后的财务报表中不断将这个谎言"圆"下去。为了中报继续"圆"谎,更为了小非股东能够在限售股解禁之后卖个好价钱,公司只好让财务人员没日没夜地闭门20多天造假账。造假的战果是,该公司2012年半年报虚增营业收入1.88亿元,虚增营业成本1.46亿元,虚增净利润4 023.16万元。如果不是出了"内鬼"举报,恐怕财务人员不得不在年报中大干七七四十九天,再造出一份漂亮的盈利报表。

万福生科可以编造收入和利润,但这些都要有"资产"相对应。按照老套路,用"应收账款"基本上不能再蒙骗下去,况且"应收账款"这个尾巴最终总得要处理,不然,一两年后就真的要露馅了。从历史数据来看,万福生科的应收账款并不多,2008—2011年,公司的营业收入分别是22 824万元、32 765万元、43 359万元和55 324万元,同期年末应收账款则分别为772万元、578万元、809万元和3 699万元,应收账款与营业收入之比分别为3.38%、1.76%、1.87%和6.69%。看来,万福生科是真的不敢通过虚增"应收账款"这个科目来虚构收入。这些也可以从该公司的主要客户基本上都不是应收账款的前五名的客户看出。

万福生科2012年中报显示,公司的在建工程在没有项目转入固定资产的情况下,账面余额从86 750 113.38元增加至179 975 363.60元,增加了近9 323万元;预付账款账面余额从119 378 847.66元增加至145 695 483.65元,增加了近2 632万元。

可以估计,公司通过虚增销售收入和相应的现金流后,再将虚增部分虚假地投入到在建工程、预付账款中。我们不妨还原一下这个造假过程中的大致会计分录。

第一步,将钱洗出来——借:"在建工程""预付账款"等账户,贷:"库存现金""银行存款"等账户。

第二步,用真实的交易假装实现收入——借:"库存现金""银行存款"等账户,贷:"主营业务收入""应交税费——应交增值税(销项税额)"账户;同时,借:"主营业务成本"账户,贷:"存货"账户。

——会计的逻辑与情怀

可以判断,万福生科的财务造假基本上就是这样进行的,逃不出相似的套路,其审计人员可能就是"拿人钱财替人消灾"的。

万福生科很"聪明"地选择了虚增"在建工程"和"预付账款"项目,因为它的募集资金建设项目还在建设中,这样做不至于引人注目。至于预付账款,没人知道是不是真的预付,它就是走了一下账,钱实际上又回来了。这种虚增收入的方法比简单地用"应收账款"虚增收入要复杂得多。

万福生科也真是煞费苦心,它们在收入上搞的是真的现金流。据判断,这些现金都是从IPO中套来的钱或想办法拆借过来的;然后,以各种关联方式,通过"在建工程"和"预付账款"再据为己有(IPO募集的资金)或还回去(借的部分)。最终,"在建工程"留下很多水分,或者根本就是子虚乌有的项目。"预付账款"也是个假数字,是永远没有对应的原材料等物质进来的。

万福生科的虚假销售本质上是自己销售给自己,只是借了别人公司的名义而已。因此,有充分理由怀疑,其存货可能根本没出库,还在公司里。并且,该公司的存货数量一直很高,占流动资产、总资产的比例居高不下,这也是佐证。

相比之下,用"应收账款"去虚增收入,时间一长会造成大量应收账款长期挂账,如果不及时处理,最终会引爆财务造假这个问题。

有的造假水平比较低的公司,可能会搞来一笔钱以虚拟交易的客户名义收款进账冲销应收账款。偿还这笔资金时则以借出款名义通过借记"其他应收款"账户、贷记"银行存款"账户让应收账款转为其他应收款;或以购货款的名义出账,使应收账款转化为预付账款或者存货。但这些处理,最终的结果还是停留在流动资产阶段,暴露的风险是比较大的,因为流动资产需要变现,长期变不了现,就成了问题。当最后只好采取"洗大澡"方式计提减值准备处理时,也容易引起别人怀疑。

不通过应收账款,而是将虚增的钱转化为在建工程、无形资产、长期股权投资等,是更高级的造假,这样一来,一般的投资者往往很难发现。那么,万福生科财务报表中是不是有一点蛛丝马迹可以帮助我们发现这样的造假行为呢？还是有的，可以结合自由现金流的概念进行分析。

由于经营活动现金净流量扣除了资本支出和营运资本增加，自由现金流指标一般与净利润的增长趋势一致。反观万福生科的净利润和自由现金流增长趋势，出现了严重背离。该公司财报显示，2009—2011年，公司净利润分别为3 956万元、5 555万元、6 026万元，逐年递增，而自由现金流值分别为332万元、−3 997万元、−10 276万元，连年大幅下滑。因此，这样也可以基本判断出该公司可能存在销售造假、利润虚增。

从南纺股份看上市公司监管问题

南纺股份连续5年造假，虚构利润高达3.4亿元，最终被证监会给予警告处罚，并罚款50万元。本该防范上市公司造假的其他环节在这起事件中也纷纷失效，真是天下"奇事"。由此，我们可以看到，当前中国对于上市公司的市场监管是何等不足。

南纺股份造假的详情为：在2006年、2007年、2008年、2009年和2010年的5年时间里，分别虚构利润3 109.15万元、4 223.33万元、15 199.83万元、6 053.18万元和5 864.12万元。如果扣除虚构的利润，这5年的利润分别为−668.65万元、−1 430.59万元、−13 620.47万元、−4 470.40万元和−5 969.01万元。

证监会新闻发言人就此事说："证监会已充分关注到市场对南纺股份追溯调整后连续亏损是否应直接退市的讨论，将以维护投资者利益为中心，继续研究完善退市制度，建立市场化、法制化和常态化的退市机制。"然而，退市机制已经研究了多少个年头，怎么到现在还只是在"研究"呢？

除了证监会，监督上市公司财务真实情况的其他机构也没有起到应有

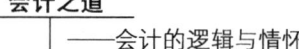

的作用。南纺股份连续5年大规模虚构利润,而其聘用的会计师事务所连续5年出具标准无保留意见,外部审计和时任独立董事、监事会都没有发挥应有的监督作用,这说明,其他的监管环节也在这起财务造假面前集体"失声"!

先说审计部门,目前上市公司年报审计聘任制度存在着严重的缺陷。上市公司管理层由被审计人变成审计委托人,决定着审计人的聘用、续聘、收费等,完全成了事务所的"衣食父母"。上市公司的要求,就是委托人的意愿,会计师事务所必然"食君之禄,分君之忧",其审计结果便是委托人意志的体现。再说,本质上会计师事务所是将审计业务当成一门生意来做的。上市公司是它的客户,审计业务是它的一笔生意,上市公司是甲方,会计师事务所是乙方,到底谁该听谁的,一看就明白。

至于独立董事制度,就更有趣了。不要再说独立董事是"花瓶",只是装点了,其实独立董事在某种意义上与上市公司是一个利益共同体。

更可怕的是,除了财务数据造假之外,南纺股份甚至还触犯了我国《刑法》。南京市国家税务局稽查局认定南纺股份2010—2011年出口货物单证中,54份备案单证为假,被查出的骗税金额超过1 000万元。而在伪造虚假出口单证的案件中,根据现行《刑法》及相关司法解释,骗取国家出口退税款250万元以上的就属"数额特别巨大",可处10年以上有期徒刑或者无期徒刑,并处骗取税款1倍以上5倍以下罚金或者没收财产。

一个"南纺股份"说明了我国上市公司监管仍有待提高。

航天通信屡次造假谁之过

航天通信控股集团股份有限公司被发现7年间四度财务造假,笔者看了看造假的情况,就其造假细节而言,差不多是各种方法都试过了。然而,该公司造假的变本加厉,或许只是不怕监管部门一次次不痛不痒的处罚。

第一次：将资金套出，进行体外循环，虚增收入和利润。

2007年11月6日，财政部在发布的第13号会计信息质量检查公告中提及了涉及航天通信控股集团股份有限公司的有关事项：认定该公司2003—2005年划出资金通过其他单位进行周转，虚增利润3 110万元。

后果：此次财务造假事件，公司只收到了财政部下发的处罚决定。

第二次：通过关联交易，虚增收入和利润。

2010年8月18日，浙江证监局在对公司进行现场检查时发现：公司下属两家子公司成都航天通信设备有限公司和沈阳航天机械有限责任公司分别出现过虚增2009年收入2 021万元和1 092万元的情况。

后果：浙江证监局现场检查后，出具了《关于对航天通信控股集团股份有限公司监管意见的函》。

第三次：通过资产核算方法的调整，虚减成本，虚增利润。

2012年12月10日，航天通信又收到浙江证监局下发的行政监管措施决定书，指出公司2011年新收购控股子公司张家港保税区新乐毛纺织造有限公司存货及固定资产核算存在重大缺陷。

后果：公司收到的是《关于对航天通信控股集团股份有限公司采取责令改正措施的决定》。

第四次：通过背靠背互开发票的方式进行虚假交易，虚增利润。

2014年9月20日，航天通信公告称，公司收到了浙江证监局下发的《关于对航天通信控股集团股份有限公司采取责令改正措施的决定》（〔2014〕12号）。浙江证监局认为，公司子公司易讯科技股份2013年度虚增营业收入4 555.65万元，虚增营业成本3 685.46万元，虚增管理费用351.56万元；导致虚增净利润440.84万元。另外，公司还存在业务交易虚假、代理业务确认收入等问题。

后果：最新的这次违规，公司收到的依旧是《关于对航天通信控股集团股份有限公司采取责令改正措施的决定》。

总结：上市公司的违规行为除了遭受一些名声上的损失，几乎是"零成本"。这似乎才是导致以航天通信为代表的许多上市公司屡次出现财务造假现象的主要原因。

参仙源——新三板首例财务造假企业

新三板挂牌公司参仙源（831399）发布《关于收到中国证券监督管理委员会〈行政处罚事先告知书〉的公告》：

公司因2013年将外购野山参作为自挖野山参销售，少计成本55 382 210元，导致虚增利润55 382 210元；同时，因公司2013年将野山参销售给关联方辽宁参仙源酒业有限公司，认定关联交易虚增收入73 729 327元，导致虚增利润73 729 327元。

根据其转让说明书，公司2012年亏损2 329万元，2013年盈利1.11亿元，扣除虚增的1.29亿元利润，该公司2012—2013年实际上是连续两年亏损的。

为此，农业股参仙源成了新三板首例财务造假企业。农业股容易出现财务造假的主要原因为：一是存货不好核实，难以审计；二是大量使用现金导致收入、成本确认困难；三是依据国家税收规定农企部分收入可以免征增值税，利润可以免征、减征企业所得税，造假成本低。

参仙源虚构了大量交易，那么必须有大量的资金支持这些虚拟交易，否则虚假交易就会被一眼识破。一般来说，销售收入最终必然反映在财务报表的资产类项目上，既然农业企业有如此多现金交易，那么公司就应该有大额的"货币资金"，但是"货币资金"则需要银行的存款证明，在如今银行监管愈发严格的情况下，银行总不至于冒着巨大风险为这些财务造假而伪造大额存款记录吧？银行不配合，农业企业在财务造假时也不敢伪造银行存款

记录,因为审计很容易就能够发现。

虚增收入后,企业面临虚假的现金流难以匹配的问题,会造成账上有大量不存在的"现金",因此,这些造假公司就只好用虚构的银行存款购入"存货""在建工程""房产""设备""专利权""土地使用权"等进行圆谎,这样,就解决了子虚乌有的"现金"的出路,又实现了"利润"到"资产"的转化。造假的关键在于不被人察觉,转化为存货、在建工程、固定资产以及无形资产等长期资产的目的就在于农企的这些项目都极难审计其真实性,如蓝田股份宣称在建工程是无法盘点的水下建设,存货则是水面的鸭子、水里的鱼、湖底的王八和莲藕等,漳子岛宣称海底的扇贝被冷水团冻死了,要核对清楚这些都是要吓死"审计宝宝"的,不得不说这类项目起到很好的掩人耳目的作用。

因此,综合考虑,农业上市公司的存货、在建工程、固定资产等项目成了造假的重灾区。

让笔者有点不明白的地方是,在新三板挂牌对利润是没作什么要求的,但为什么不少新三板企业存在虚增利润的行为,这种虚增利润冲动的来源是什么?主板上市公司虚增利润可以"忽悠"散户投资者,且定增对公司确实也有巨大的利润,但新三板定增针对的多是成熟的机构投资者,在新三板虚增利润,多半是搬起石头砸自己的脚,证监会给予了参仙源当前《证券法》规定范围的最高幅度处罚。

再延伸一下,参仙源虚增利润的手法如此简单,挂牌时候的中介机构最终是否应负责任?

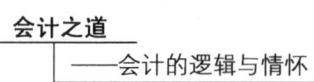

庖丁解表之剖析财务造假

三张财务报表是财务的基石也是财务造假的基础。

财务造假基本原理

财务造假是围绕"资产＋费用＝负债＋所有者权益＋收入"这个动态会计平衡等式进行的,虚增利润表达为:资产↑＋费用↓＝负债↓＋所有者权益＋收入↑,虚减利润表达为:资产↓＋费用↑＝负债↑＋所有者权益＋收入↓。为什么没在所有者权益项目上标示↓↑符号?大家可以根据"资产－负债＝所有者权益"等式理解。

因此,财务造假的手法大致为:①无中生有,如虚构收入、虚增资产;②变有为无,如隐瞒费用,虚减或隐瞒债务;③寅吃卯粮,如提前确认收入,推迟确认费用,或干脆将费用资本化;④"洗大澡",即提前确认费用、推迟确认收入,报出巨亏,为以后盈利作准备。

这里需要特别说明的是,我们要明白资产负债表负债方的数据一般是真实的,因为冤有头,债有主,负债的真实性可通过第三方验证,如果要对负债造假只有两条途径:一是搞假的债务重组,调整负债数;二是让负债在表外游荡。比如,对有些应该确认的预计负债不予确认,相应的费用就在表外

第三章
大会计视野看会计术变之财务造假

游荡了。而资产方,那真是"我的地盘我作主",对很多项目的确认存在大量的会计判断、会计估计,可以说超过 90% 的财务造假就发生在这里。

从"资产＋费用＝负债＋所有者权益＋收入"这个平衡等式看,利润表造假,必然引发资产负债表造假;资产负债表造假,必然引发利润表造假。因此,现实中,资产负债表也记录费用和收入,利润表也记录资产和负债,只是它们换上了相应的"马甲",隐藏着、潜伏着……因此,我们分析时,就要有火眼金睛。

这里我们有必要来看看披上"马甲"的东西到底是什么,可以这么说,不想进利润表的"费用(收入)"就会披上"资产(负债)"的"马甲"继续呆在或直接进入资产负债表中,披上资产"马甲"的费用俗称资产的"水分"。比如,没提够的坏账准备,没提足的折旧,没摊够的摊销以及长期摊销费用,等等。披上负债"马甲"的收入,就是用来隐匿收入的预收账款等负债类科目。

财务造假方式其实很简单,多半就是在资产负债表和利润表两张财务报表间倒腾,想将利润做大,就把虚增的收入以及应该计入费用的东西作为资产转入到资产负债表,如虚增应收账款等应计利润、增加公允价值波动等持有利润,或者直接少计提折旧、摊销和减值等;想将利润做小,就把虚减的收入以及应该计入资产的东西作为费用或将资产提早计入费用而转入利润表。

那么,现金流量表能不能造假呢？笔者观点是:现金流量表的现金净余额一般是不能造假的,因为一是赚钱的事是很难做得来的;二是可以验证,除非"要流氓",强行更改数字。但现金流量表的格式由于采用的是经营、投资、筹资活动"三分法",这样就为造假留下了选择的空间。比如,出于美化经营现金流的需要,将实质上属于投资、筹资活动的现金流入纳入经营活动现金流量,将某些经营活动现金流出移至投资、筹资活动的现金流项目。

利润是虚的东西,它是由虚账户结转而来的,所以可以造假;现金流是

实实在在的东西,它是可以验证的,要造假就要假账真做,也就是说很难造假。分析利润中到底含有多少钱以及利润与经营活动现金流量之间的差距在报表分析中很关键。同理,分析资产到底值多少钱、负债的真实性以及表外有没有游荡着的负债也是财务分析很重要的切入点。

财务造假的源泉——利润永动机

利润为什么可以操纵

因为华尔街建立会计体系、制定会计准则时,就设计好了一部创造利润的永动机!如果某个企业想操纵利润,想要多少利润就可以有多少利润。比如,安然,设立一家控股公司,让投股公司以高价购买安然公司的资产,安然就可以把资产出售价同资产账面价之间的差额记为利润。

美国 SEC 甚至应安然的要求,为它操纵利润量身定做一套准则。比如,SEC 规定,销售和购买天然气的长期合同应采用按市价计价的核算法。也就是说,在记录这些合同时,安然可将合同有效期内的未来预期收益流作为当期利润。在这些合同中,未来销售价格是固定的,想高估当期利润,安然只需低估未来收购价即可。

利润造假短期内可使政府增加财政收入,造假方套取资金。当然,倒霉的是股民。

为什么世界各国会计准则坚持权责发生制,听任核算出来的利润不断地与现金脱节呢?在笔者看来,可能源于税收,政府收税时收取的全都是现金,没有哪个政府收税时是收利润或收入的!收入和利润有时是子虚乌有的,但按收入和利润计算税金,比按现金收入和现金利润计算税金要大,这就是奥秘!

最近又看了一遍达尔曼虚假上市的案例,惊叹造假圈钱的许宗林乃神

州超级骗子！其骗术可归纳为：假出资→编造假账→骗取银行贷款→贿赂→骗取上市资格→编造假账→业绩造假→扩股圈钱→继续编造假账→转移财产。在造假上，他是不惜成本，对每一笔虚假交易都交纳增值税，而对所形成的利润也都纳税，花费的代价为上亿元。当你看到这些虚假交易所交纳的动辄几十万元、上百万元增值税的真实税单，你还会怀疑这些交易的真实性吗？当你看到这些财务报表上所形成的利润，并因这些利润而形成的数字庞大的真实的所得税完税税单，你还会怀疑这些利润的真实性吗？许宗林"高明"就"高明"在20世纪90年代初他就懂这些，也算先觉了。

为了盈利而造假的上市公司，其销售收入必然远远高于销售成本和费用，对于这部分差额，在造假经验不丰富的早期阶段，一般通过虚构往来事项弥补，这很容易被审计发现；后来，造假企业变"聪明"了，多半采用虚增在建工程、固定资产以及伪造对外投资手法转出资金，这样用于造假的现金就可以循环使用，还可以转匿到个人账户以方便据为己有。

现金流量被认为是比利润更可靠的信息，投资者很关注经营活动的现金流量，但对于现金流也敢造假的公司，关注现金流量这一招就失灵了。比如，通过将上市融入的资金或通过银行贷入的资金转移到体外，然后制作虚假的原料入库单、生产进度表和销售合同等，根据相关的销售发票、增值税发票照章纳税，有现金流配合，就"天衣无缝"了。

周转率背后的假账秘密

应收账款的变化可直接导致主营业务收入的变化进而影响利润；存货的变化主要通过主营业务成本的变化影响企业利润，所以这两个指标被企业操纵的可能性较大。

假如应收账款周转率很低，则表明应收账款的实际偿还率也很低，在这种情况下,如果利润额很高,则企业可能虚构了销售额,从而操纵利润。笔者以 IPO 冲关失败时某公司①的财务数据来实证这个问题。

该公司 2009—2011 年总资产分别为 6 711.88 万元、10 177.4 万元和 11 939.87 万元,而同期的应收账款净额就分别达到了 3 395.32 万元、4 995.1 万元和 6 062.41 万元,在总资产中所占比例高达 50.58%、49.08% 和 50.77%;在流动资产中所占比例也达到了 56.41%、55.29% 和 55.31%,成为公司流动资产的主要构成部分。

2009—2011 年年末,该公司应收账款账面余额年均增幅 33.35%,在营业收入中所占比例高达 80.34%、83.83% 和 83.16%。也就是说,公司每年有八成以上的销售收入并未实际到账,表明主营业务收入主要依赖应收账款,公司面临很大的坏账风险。

值得一提的是,该公司的应收账款周转率在行业中处于非常低的水平。其招股说明书显示,在 IPO 前 3 年间其应收账款周转率分别为 1.5 次、1.6 次和 1.46 次;而同行一家上市公司的同期数据则分别为 5.83 次、6.19 次和 5.41 次。很低的应收账款周转率意味着该上市公司极可能通过虚构应收账款来虚增收入,从而操纵利润。

我们可以验证一下该公司利润的含金量。数据显示,2009—2011 年,该公司经营活动产生的现金流量净额分别为 633.61 万元、955.18 万元和 1 665.86 万元,而同期公司净利润分别为 1 428.52 万元、2 009.74 万元、3 039.34 万元,其经营产生的现金流长期小于净利润,在净利润中所占比例分别为 44.35%、47.53% 和 54.81%。净利润的含金量比较低,说明利润造假的可能性很大。

存货周转率是衡量和评价企业购入存货、投入生产、销售收回等各环节管理状况的综合性指标。假如存货周转率很低,则表明企业销售低迷,货物

---

① 需要知道该公司信息的,可以联系本书作者索取。

周转缓慢,才会积压大量的存货。在这种情况下,如果利润额很高,则企业可能虚构了销货成本,从而可能操纵了利润。我们不妨通过某电脑公司①的一些财务数据来说明这个问题。

该公司存货周转率虽然从2010年的3.66次提升至2011年的4.50次,但仍然明显低于当年同行业13.87次的水平。不过,该公司2011年经营性现金流有明显改善,经营活动产生的现金流净额从2010年的2 625.17万元猛增至23 968.08万元,经营活动现金流净额增幅高达813.01%。

另外,与存货周转率畸低形成强烈反差的是,该公司的营业收入一改以往颓势,2011年销售收入较2010年大增了27%。更为惊奇的是,在存货周转率仅相当于行业平均水平1/3的水平下,公司的综合毛利率却比同行整整高出了3.59个百分点。换言之,它的运营效率大大低于同行公司,却比同行公司更赚钱,难免令人生疑。

虚构收入的上市公司的应收账款往往会急剧增加,应收账款周转率急剧下降;存货急剧增加,存货周转率急剧下降。需要注意的是,造假的上市公司也会担心应收账款周转率、存货周转率急剧下降会引起投资者的怀疑,因此,可能将应收账款往其他应收款、预付账款中转移,常见的手法是公司先把资金打出去,再叫客户把资金打回来,打出去时挂在其他应收款或预付账款上,打回来作货款,确认为收入;上市公司还可能故意推迟办理入库手续,将存货挂在预付账款上,然后少结转成本,这样虚增的一块利润就挂在预付账款上。所以,投资者对往来账款较大的上市公司都要格外小心,不要上当。

---

① 需要了解该公司信息的,可以联系本书作者索取。

财务报表造假：资产中的
水分就是利润中的水分

资产是利润的源泉，利润中的水分来自资产中的水分。

由于目前会计核算体系属于"应计制会计"的原因，财务报表中存在大量的可操纵空间。上市公司财务造假现象并不是中国特有的现象，实际上财务造假是一个国际性的问题，从美国的安然、世通，到日本的奥林巴斯等公司的财务丑闻都充分说明了这一点。

笔者一直认为财务并不是一门科学，而是一门艺术。作为艺术品的财务报表越来越"性感"，像沙滩上穿比基尼的少女，让你能够欣赏到她美丽漂亮的身材，但对关键的地方又能够遮掩得恰到好处。

仔细观察与思考一下，有几家企业的财务报表不是这样？特别是上市公司，有不含水分的财务报表吗？

财务报表中的数据从来就没有唯一性，不同的会计进行核算往往有不同的结果，这便是财务报表不具科学性的一面。

下面，具体剖析一下财务报表中的这些"水分"。

什么是资产中的"水分"

所谓资产中的"水分",就是将该费用化的支出,故意进行资本化处理。例如,将其放入资产负债表,或者对资产负债表中的存续资产少提折旧和减值准备、少计摊销等,使其实际价值低于账面价值,一般上市公司盈利困难时,就会玩这种"财技",看上市公司财务报表,要时刻提醒自己挤"水分"。

资产中的"水分"与费用的关系

对费用错误地进行资本化处理,就成了一项所谓的"资产",它实质上就是隐藏在资产负债表中的费用。

大家一般都知道,资产负债表记载的是一个企业的资产、负债以及所有者权益,但资产负债表中会不会记载费用呢?

回答是肯定的。比如,长期待摊费用,它是企业已经支出的各项费用,是放在资产负债表中的费用化科目,只是由于长期待摊费用能使以后会计期间受益,因此,将其视作资产处理。但固定资产、无形资产中的"水分",实际上是没有及时通过折旧、摊销等方式处理使其进入利润表中的费用。

再举一个例子,在事关上市公司盈利还是亏损时,企业一般会在借款费用资本化还是费用化的选择上进行利润操纵,将一些项目故意说成尚未达到设计能力而将其计入"在建工程"中去。比如,有一家上市公司,生产线都已经生产出合格产品了,但为了使当年不亏损,将几千万的利息费用计入"在建工程"中,而没有计入它应计入的地方——"财务费用"中。

资产中的"水分"与收入的关系

上面谈到了资产负债表中的"资产"项目可能存在记载费用的情况,同样道理,它也会记载收入。资产中的"水分"与收入的关系主要体现在"白条收入"上,即收入中包含的应收账款上。它们通过贷记"主营业务收入"账户,披上了收入的外衣,为资产注入了又一层"水分"。

对上市公司进行财务分析时,大家都说如果应收账款急剧增加可能虚增收入和利润。上市公司肯定也不是吃素的,如果造假了,不可能让大家轻易识破,它往往把应收账款向其他应收款、预付账款转移,手法是先将资金打出去,挂在其他应收款或预付账款中,然后再叫客户把资金作为货款打回来,并确认为收入。没有一定财务修炼的人是看不出来的。

负债中的"水分"与收入和费用的关系

负债是不是也存在"水分"?相对于资产来讲,负债一般很少存在"水分",因为负债涉及第三方。负债中的"水分"实际上就是将收入进行负债化处理,如将收入记入预收账款、应付账款甚至其他应付款,就是将收入隐藏在资产负债表中。因此,资产负债表中"负债"账户也可能记载收入,收入被企业隐藏在"预收账款"等账户中,而没有及时结转。

另外,对于应确认的预计负债,如果企业为了操纵利润,并不进行及时、足额确认,则可以视这些为负债中存在不确定性的"水分"。

支出、费用及资产的关系

所有的支出都会引起现金的增减变化,因此都要记入现金流量表,至于

如何记入资产负债表和利润表,则要看该支出是管1年还是管1年以上,如果只管1年,就记入利润表,作为当期费用直接处理掉,如果管1年以上,一般就要进行资本化处理,作为资产记入到资产负债表中。这里面就存在会计判断的因素,至于如何判断是1年还是1年以上,并不存在一定的严格标准。一般来说,上市公司财务报表中资产有"水分",利润就有"水分";利润有"水分",资产就有"水分"。

判断财报中"水分"的方法

为什么利润很高的企业会破产倒闭?因为利润是根据权责发生制核算出来的,如企业赊销形成的利润,是企业没有拿到手的利润,并没有转化为现金,它甚至只是一种账面债权而已。比如,广东的合俊玩具以及浙江的中国印染的破产倒闭都是因为企业的资金链条断裂造成的,现金是难以欺骗别人的。

我们在判断财务报表中是否存在"水分"时,要把握住以下几点:

(1)与同类公司或与公司历史比较,毛利率明显异常。

(2)货币资金和银行贷款同时增加。

(3)应收账款、存货发生异常增加。

(4)估算的应交所得税余额与实际余额相比相差甚远。

(5)现金净流量长期低于其净利润。

(6)常常发生会计政策、会计估计的变更情况。

公允价值的魔术

公允价值是现代金融的一个创新,已经被引入会计体系之中。笔者先通过一个会计事项讲述公允价值对企业利润的影响方式,然后在后续的讨论中展示笔者与网友关于公允价值的讨论。

公允价值对企业利润的影响方式

笔者先提出下面一个事项:

牛逼公司于2016年1月购进一幢大楼,共花了5亿元人民币,2016年12月31日,根据资产评估报告,该大楼的市场价约为7亿元。试问2016年牛逼公司是否有盈利?

对这个问题可以从两个角度思考:

第一,从经济学的角度来看,牛逼公司的确有盈利。由于牛逼公司购进的大楼市值由5亿元上升到了7亿元,因此,2016年盈利了2亿元。

第二,从会计学的角度来看,牛逼公司并无盈利,因为该大楼并未处置,没有客观证据显示其财富增加了2亿元。

目前,公允价值准则的运用,让会计学突破其原有的范围,将会计利润上升到了经济利润,如上例,牛逼公司将此大楼由历史成本计量的"固定资产"变更为以公允价值计量的"投资性房地产"核算,2016年就在会计上实现盈利2亿元。试问,这是会计利润吗?但不管如何,它确实利用会计准则牛逼地增加了2亿元的利润,此所谓牛逼公司。

目前,会计利润与经济利润搅在一起,真的是说不清、道不明,利润再也不是那么清爽了。

在这里,不得不批判公允价值。公允价值实质上就是要强行突破历史成本原则,去修改财务报表的数据,但它再牛逼,也只能修改资产负债表和利润表的数据,修改不了现金流量表的数据。公允价值变动本身只是一个价值波动,如果它影响利润表,也只是影响持有利润,这些都是还没有实现的利润,是没有对应的现金流的。

由于公允价值的采用,目前实际上已经将部分经济收益纳入了会计核算。经济收益＝会计收益＋未实现的有形资产(增减)变动－前期已实现的有形资产(增减)变动＋无形资产的价值变动。而会计收益是已实现的收入与其相关历史成本之间的差额。

当前会计体系下的利润令人费解的根本原因就是因为将会计利润扩展成了经济利润,将一些未来可能子虚乌有的收益也强行计入利润中了。这不是公然违反会计准则中一直强调的"不能提前确认收益"的原则吗?

目前会计准则中放出"公允价值"这个怪物,"公允价值变动损益"彻底颠覆了"历史成本原则"的底线,犹如打开了潘多拉魔盒,相关会计信息从此丢掉了"可靠性"的根基。

笔者强烈要求,会计只核算会计收益,不能让它越界。"让上帝的归上帝,让恺撒的归恺撒"。不然,让这些未实现的资产变动去更改资产负债表和利润表,会破坏信息的可靠性。

与众网友论公

附:

关于公允价值准则和金融创新的大讨论

马靖昊: 美国制定公允价值准则的目的就是为制造纸面上的财富大开方便之门,搞所谓的"金融工具"创新,把不值钱的金融资产包装成值钱的东西,卖给全世界人民,进而愚弄和盘剥全世界人民。我认为我国有关部门应看清它的本质,真正履行历史成本原则,弃用公允价值准则。

网友1: 这么说太片面点了吧。公允价值计量还是有很多可取之处的。

马靖昊: 公允价值没有任何可取之处,至于资产持有阶段增加的那些纸面财富,完全可以用"附注"的形式进行说明,有必要去更改资产负债表和利润表吗?再说,这样更改也违背了会计上"不能提前确认收益"的原则。

网友2: 你家房子按不按公允价值计量? 那你按历史成本卖给我吧。

马靖昊: 问得好! 以历史成本计量并不妨碍按公允价值卖出。但在没卖前,也就是在资产的持有阶段,如果资产增值了,你可以备注说明。历史成本原则不是不承认它增值了,而是不让它在持有阶段就急不可耐地提前更改资产负债表和利润表。

历史成本实际上就是已经实现了的公允价值,而以公允价值计量就是试图在交易完成前就确认资产价值的变动以及由于资产价值的变动而带来的损益。

网友3: 马老师你错了,有可取之处,这样可以按公允价值的计税依据收税了。

马靖昊: 公允价值没有任何可取之处。按照目前规定,对公允价值变动造成的增值,税务局是不收税的。

在中国,公允价值准则已经给监管机构以及投资者带来了麻烦。比如,保监会内部曾下发通知,要求各保险公司暂停执行投资性房地产公允价值计量政策,以防范风险。比如,一个地产项目成本1亿元,保险公司可能就会大玩"会计游戏",每隔一段时间就对这个项目进行再评估,将价值评估到2亿元、3亿元甚至更高,以达到满足偿付能力的目的。一旦不动产进入下行通道,"泡沫"就会破裂。

历史成本很实在,因为有购货合同、销售合同、支付凭证等多种原始凭证作为支撑;公允价值很虚幻,因为公允价值并非来自真实的交易,而是一种估计,是对资产未来价值创造能力的一种判断,而这种判断恐怕只有神仙才能做到准确,更何况是人为评估。

允许公允价值计量在一定程度上是为企业盈余管理大开方便之门,为什么这么讲?因为在历史成本下,企业如果企图操纵数字,只能涂改、虚开、隐瞒真实的原始凭证,这些均属于违规行为,而公允价值是一种估计,估算错了,只能说是估计偏差,而不能定性为舞弊。因此,在法律上很难追究企业公允价值使用不当的责任。

需要说明的是,历史成本原则并没有否定公允价值,历史成本在完成交易的那一刻就是公允价值;我在这里要否定的是在资产持有阶段就用公允价值进行计量,去提前确认损益的做法。这在会计历史上是前所未有的"自扇嘴巴"的行为,因为我们在会计核算上要遵循的最基础原则就是"不能提早确认收益"。

马靖昊:绝大多数朋友对我痛骂金融创新是骗局是支持的,当然,也有不少不同的意见,主要是说只要加强监管,金融创新还是一件好事情。

栗子_sim:没有实业,金融等于零。

马靖昊:金融的本质,是以更低的成本、更高的效率,帮助人类社会从事价值交换,而不是帮助那些所谓的金融创新者重新进行财富分配。那些故意令常人看不懂的金融创新,往往就是利益集团圈钱、洗钱、套钱的合法

 会计之道

——会计的逻辑与情怀

工具。

仔细分析,所有披着金融创新外衣的骗局中都有一个典型的特征,就是高息(所有高回报的本质就是高息)。你贪的是人家的利息,人家要的是你的本金!

小楼江南听雨:有的金融创新的理念是从传销中学来的,传销的本质是击鼓传花,不创造财富,有的金融创新也是如此,只是部分人占便宜,另一部分人吃亏而已,说得太冠冕堂皇,有的创新就是个口号而已!

马靖昊:我不知道有的金融创新是不是从传销中学来的,但我知道,金融创新与一部分人被新自由主义经济学洗脑有关,你可能会说,我根本不知道什么是新自由主义经济学,谈何洗脑。现实中,我们绝大多数人根本就不知道某种理论,但常常被深度洗脑,这个世界就是这样。

目前,国内新自由主义经济学思潮成为主流,在这里先简要给各位介绍一下什么是新自由主义经济学,它是在20世纪90年代形成的所谓的"华盛顿共识",其主要内容是开放市场、取消国家干预和将国有企业私有化等。我不能完全否认新自由主义经济学在国内宏观经济政策制定上有指导价值,但我有信心完全否认它在金融领域的作用。

华尔街有一句名言"我的姥姥或者我的奶奶,如果我能够把她打包成一个18岁的漂亮大姑娘,我也可以把她卖了"。大家买了以后,等她妆容一洗去,仍然80岁的老奶奶,这就是泡沫破灭。

在金融领域,千万别在金融创新上与华尔街接轨,否则,多半会弄成"接鬼"。

马靖昊:金融是钱生钱的事情,对实业揩油,要是靠着实业没揩到油,反而连本都丢了,这时候,就要搞所谓的创新,请会计师行、律师行背书一下,要请评级机构评估一下,让不值钱的东西值钱,这种创新,本质上就是骗人!这时候的公允价值其实才不公允。

袁婷:酷炫!

陈鹏飞：我也觉得很酷，就是这么犀利！

马靖昊：不少朋友说我这么讲话很酷，甚至说，遇到马老师，才脑洞大开。其实，我不过是说了几句实话而已，甚至是有一点点偏颇。

陈稼邺：敢说真话的不多了，金融并不创造财富，但金融能让财富再分配，资源再分配！

马靖昊：国外发明的资产证券化等金融创新，有时候非得将不值钱的东西弄成值钱的东西；大多数P2P，就是以互联网为道具将银行的存款、放贷业务抢过来。目前金融创新日趋活跃，金融资本参与"分配"或者"剥削"实业真实财富的比例和速度相应快速增长，要揩油水，就无一例外地酿成了资产价格的大量泡沫，使资产价格脱离了价值，甚至使金融资本左右了资产的价格和实业的利润。

三分絮语：玩虚的，就是数字游戏。好早以前说了实业救国，财富沉淀还是需要实实在在，一切脱离实业的创新都是空谈。

马靖昊：在我眼中，有的金融创新实际上就是高智商的人去套低智商的人的钱的一个又一个歪主意、歪方案。最典型的是美国华尔街套取全世界的"愚人"们的钱，因为高智商的精英中的"流氓"们全集中在那里。有的金融创新的最终目的是将不值钱的东西卖个高价，欺负不懂行的老百姓。

非空非我：我们会计就是装修工。

马靖昊：与我一起批判金融创新、公允价值的朋友好多啊，真好！看来我们看东西不再停留在认字阶段，应透过文字看本质。

马靖昊：美国为什么这么热衷于金融创新工具？其实，它是在全世界重新分配资源。依靠所谓的金融创新这种形式的分配，总比过去依靠战争的形式来得隐蔽和文明一些。

风之契印：我看了那个叫《大空头》的电影，里面讲述道，美国的次贷风暴，就是把所谓的金融创新建立在房子的基础上的，最后大家只关心谁接最后一棒，没人关心房子了。

马靖昊：如果从会计核算上找金融危机的原因,那就是"公允价值变动损益"彻底颠覆了"历史成本原则"的底线。FASB 和 IASB 关于金融工具会计处理的相关规定,不是什么"真经",我们要"扬弃"。

特朗普曾放出豪言:干掉华尔街!这句话彻底说到了我的心坎里了,华尔街就是全世界金融创新中心,也是全世界金融"诈骗"中心。可惜他不懂会计,否则,肯定会再吐壮语:干掉公允价值。

第三章 大会计视野看会计术变之财务造假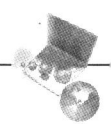

财务造假的根源与打假指标

会计政策是财务造假的手段,而业务造假是财务造假的根源,但财务造假植根于财务的逻辑,因而打假的方法必然也内生于会计体系。

财务造假的根源是业务造假

财务造假的根源是业务造假,除非财务人员傻呵呵地直接改数据。目前为了上各种"板"而进行的财务造假,多半发生在"进销存"领域,通过直接找几个托,让这些业务"真实"地发生,这样不但有物流,而且有完整的现金流,并且还有为此而缴税的凭证。让"假"的东西"真实"地发生着,这也算一种境界吧。

我国新股发行中有部分公司是通过包装造假上市的,而且造假上市的手法还非常低劣,在笔者看来:一点技术含量都没有,公司没什么业务,就是搞一个三方协议把钱倒出去再转手,变成营业额,也就是拿钱垫资、虚构利润上市。因此,上市公司资产质量、利润质量都很差,可是一旦包装造假上市成功,除了股民是"待宰的羔羊"外,其他所有的参与方都可以一夜暴富。

业务造假的方法通常有:①实际控制人直接将钱给客户,再通过客户购买产品让钱回流上市公司,虚增收入;②上市公司直接通过虚增资产的方式

将钱洗出来给客户,客户再让这些钱回流上市公司。

我们不妨还原一下方法②的大致会计分录:①将钱洗出来。借:"在建工程""预付账款""其他应收款"等账户,贷:"银行存款"账户。②用"真实"的交易虚增收入。第一步,借:"库存现金""银行存款"等账户,贷:"主营业务收入""应交税费——应交增值税(销项税额)"账户;第二步,借:"主营业务成本"账户,贷:"存货"账户。方法①的造假过程的会计核算只需第二步分录即可。

不过,如果上市公司靠经营一直不能盈利,不断地通过财务造假方式来盈利,时间长了,就可能会暴露。毕竟伪造了大量的收入和资产,需要拿出真金白银交税,甚至还要根据虚假收益实施分红,那真是雪上加霜啊!如果从股市中所融到的以及从银行中所贷到的资金不断消耗,最后难以为继,必然爆发财务危机,真相就会大白于天下。

用毛利率指标让上市公司的财务造假露出原型

毛利率是企业核心竞争力在财务方面的反映,也是 IPO 审核中重点关注的财务指标。除非经济环境发生重大改变,企业的毛利率一般比较稳定,不会有大的波动,并且也很少会出现某个企业的毛利率远远高于同行业平均水平的情况。因此,如果某企业出现毛利率发生较大波动或者远高于同行业平均水平等现象,往往意味着企业做的假账露出了"马脚",对于已上市或将要上市公司的财务造假也可以通过该指标加以辨识。

某拟 IPO 企业 2009—2011 年的硬件产品销售收入分别为 883.74 万元、3 275.60 万元和 8 404.40 万元,占营业收入比例分别为 23.22%、39.00%和 67.71%,计算出来的销售毛利率分别为-10.83%、4.73%和 30.64%。没有神功,毛利率一般不会大起大落。该公司毛利率大幅飙升,分明告诉大家:我做假账了。

第三章
大会计视野看会计术变之财务造假

还有比这更狠的,另一曾经的拟 IPO 企业在报告期的存货周转率逐年下降,毛利率却逐年上升,并且 2009 年、2010 年净利润合计为 48 572 万元,而同期经营活动净现金流合计仅为 24 万元,真令笔者震惊:净利润与经营活动净现金流天各一方,也敢这么傻大胆地上报。

毛利率是毛利润除以销售收入的比率。什么是毛利润?毛利润是指销售收入减去成本(销售成本或主营业务成本)的差额,它是没有被"拔毛"的利润,毛利润出来后,企业会先对其拔一层毛,也就是将期间费用、损失、减值等抵销掉,这样,就拔出了利润总额了,然后,税务局再动手,再拔点所得税,拔干净了,就成净利润。

判断一家上市公司的财务报表有没有造假,分析其毛利率的真实性非常重要。毛利率具有一定的稳定性并与行业平均值相差不大,如果公司毛利率向上波动大,就要具体分析了。要是产品成本正常,主要是靠提高产品的定价而导致的高毛利率,说明企业实力强,产品有品牌、有定价权。要是靠降成本造成的,可能就不太靠谱了。但在一般情况下,毛利率过高的现象不会持续,当然垄断行业例外;毛利率过低的现象也不会持续,因为对于正常发展的公司,其毛利率一般会维持在一定的水平上。所以,企业的毛利率忽高忽低,特别是某些企业的毛利率变化趋势如同过山车,可能是财务造假造成的现象。

如何通过对毛利率的进一步分析发现上市公司存在财务造假的现象?
一般有如下方法:

(1)如果分析上市公司财务报表时,出现存货周转率逐年下降而毛利率逐年上升的现象,一般可判断该上市公司可能做了假账。存货周转率下降,表明公司存货项目的资金占用增长过快,超过了其产品销售增长速度,其毛利率应趋同下降才合理。另外,存货周转率下降也说明产品竞争力可能下降,竞争力不强,毛利率必然下降。

(2)如果分析上市公司财务报表时,出现毛利率高而现金循环周期也较

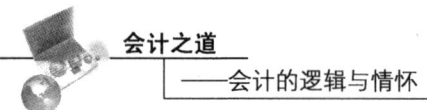

高的现象,一般可判断该上市公司可能做了假账。企业的高毛利率一般意味着它在产业链上拥有强势地位,企业会尽量占用上游客户的资金,而不给下游客户很长的赊账期,其现金循环周期(应收账款周转天数+存货周转天数-应付账款周转天数)一般较小,甚至会出现负值。如果高毛利率与这些特征持续背离,往往意味着它是不真实的,需要警惕企业的盈利能力。

毛利率异常的拟 IPO 企业,一般存在将关联方交易非关联化的现象。因此,还应对交易的公允性进行核查,判断交易的商业实质,对商业条款、结算条件、结算时间、与其他正常客户明显不同的异常交易应高度关注,核实异常交易的对手方是否是未披露关联方,是否存在不正当的利益输送行为。

用"净现金溢余"指标让上市公司的财务造假露出原型

利用"净现金溢余"指标作为上市公司赚钱能力的判断指标,可以让那些通过财务造假而表面上看起来盈利的"假肉鸡"暴露其本来面目。

三聚氰胺是一种对人体泌尿系统有巨大损害的化工原料,它表面上看起来与奶粉差不多,加入奶粉中很难分辨。笔者将企业中的利润比作企业赚钱能力的"三聚氰胺"(可能不恰当,但此处可助于说明问题)。

牛奶造假的根本原因是检测蛋白质含量的方法有问题,为了达到标准,可以通过加入三聚氰胺来达到目的。实际上,对企业而言也是一样,由于检验企业赚钱能力的指标出现了问题,因此,可以通过加入利润来达到目的,因为"利润"可以制造出来。正如三聚氰胺反映不了蛋白质含量一样,"利润"也反映不了企业的真实赚钱能力。比如,近 10 年来(剔除去年上市的 IPO 企业),有 173 家上市公司未曾派发一毛钱的现金分红,其中有不少"铁公鸡"账面上的利润很可观,但确实没有钱分红,这些"铁公鸡"不是不想分,真正的原因是实在拿不出现钞给大家。道理很简单:利润是可以做出来的,可现钞是不能用假币的。

下面是上市公司调整利润的一些主要方法：

(1) 利用"交付了实物,还没收到钱就可确认收入"的原则调整利润。比如,A公司设立一个B公司做托,只要编制"借:应收账款——B公司,贷:主营业务收入""应交税费——应交增值税——销项税额"的分录,利润就如小河流水,要多少有多少。

(2) 通过背靠背交易虚增收入和利润。比如,A公司在向B公司出售商品或提供劳务的同时,又按与售价十分接近的价格从B公司购入资产,里应外合,相互抬高收入。实际上,两家公司只是互换了一张支票而已。

(3) 通过会计政策、会计估计变更调增利润。比如,某公司公告20××年通过调整折旧年限增加净利润3.88亿元。其原因就是现在业绩不好,只好延长折旧年限,少计提折旧,多制造利润,以便粉饰"难看"的报表。

(4) 通过借款费用资本化调整利润。比如,有一家上市公司,生产线都已经生产出合格产品了,但为了当年不亏损,将几千万元的利息费用计入"在建工程",而没有计入"财务费用"。

(5) 通过债务重组操纵利润。比如,有一家上市公司已经连续两年亏损,但由于该公司欠银行1.5亿元,该公司以3 000万元的一栋楼与银行进行债务重组,一举扭亏为盈,当年盈利近9 000万元,该公司于第三年将该大楼以近1.3亿元的价格购回,银行和上市公司皆大欢喜。

(6) 通过政府补贴扭亏为盈。比如,2010年,有67家濒临退市的ST公司获政府补贴近22亿元,平均每家3 200万元,补贴的名目五花八门,政府将纳税人的钱当成ST公司的"救命钱"。

(7) 通过计量模式的转换拯救财务报表。比如,某上市公司将投资性房地产后续计量由成本模式变更为公允价值模式,无需再计提折旧和摊销,公允价值变动高达8 000多万元,一举消化了历史形成的负数的巨额未分配利润,降低了资产负债率近13个百分点,从而为进一步融资运作或保持目前的贷款水平打下了基础。

综上所述,以现行的"利润"指标作为判断企业盈利的标准,可能会走入误区。虽然近百年来推行的应计制会计,一直将"利润"视为一个宝,但笔者认为,利润是一个"伪"指标。可以说,100个会计师独立编制同一家企业的利润表,可能会得到101个结果,多出来的一个就是审计师根据判断调整出来的,这也是目前上市公司利润操纵泛滥的根本原因。

因此,以利润来说明企业赚钱能力,其危害性非常大,盈利质量一直是困扰经济秩序正常运行的顽疾。好比奶粉质量一直是年轻父母担心的主要问题一样。正是这些以"利润"为核心的监管指标和方法,使企业有强烈的动机制造利润以欺骗投资者、债权人和政府等利益相关者,最终,财务报表造假就成为久治不愈的"慢性病"了。

不过,令人非常遗憾的是,目前净利润信息在经济生活中被广泛使用:政府的监管政策,如公司上市和再融资对盈利性和成长性的要求,暂停上市和终止上市以是否盈利为标准;税收、管理层激励薪酬合约,经常运用盈利指标进行监管和考核;贷款契约,经常运用净资产利润率等指标;股票定价,如我国广泛运用市盈率法。

虽然我们现在还没有能力去弥补应计制会计的缺欠,但至少可以修正一些考核指标。笔者建议以净现金溢余作为考核指标,净现金溢余的计算公式为:净现金溢余=经营活动产生的现金流量净额+投资活动产生的现金流量净额-[财务费用-(应付利息年末余额-应付利息年初余额)]。它可以真实反映上市公司赚到手的真金白银,而不是经过人为粉饰后的账上的虚拟财富。

利用"净现金溢余"指标作为上市公司赚钱能力的判断指标,可以让那些通过财务造假而表面上看起来盈利的"假肉鸡"暴露其本来面目。

第三章
大会计视野看会计术变之财务造假

如何治理上市公司财务造假

据观察,所有已经发现的上市公司财务造假,要么是由于管理层内斗而被主动爆料出来的,要么是由于现金流枯竭而被动暴露出来的,要么是上市公司干了全民共愤的坏事而被记者挖出来的,大概也就这三个途径了。

财务造假顽疾与简单的治理逻辑

自我国有资本市场以来,有关如何治理上市公司财务造假的问题已经谈了二十多年了,相关的论文可谓汗牛充栋。可以说,现阶段上市公司的财务造假顽症基本上是没法治理的。

要治理上市公司财务造假,从逻辑上讲,首先得有发现上市公司财务造假的机制。目前这方面的机制基本上是缺失的,而且还基于一个非常简单的错误,就是寄希望于被称作市场经济警察的CPA,相关法律、法规要求上市公司聘请会计师事务所进行年报审计。

为什么专事审计的会计师事务所从来就没有发现过一例上市公司财务造假事件呢?是不是看起来有悖常理?

在审计机构遭遇财务造假或疑似造假的情况下,一般会辞审(逃跑)或

干脆同流合污出具标准审计报告,有的甚至为造假出谋划策。什么时候真正见到过审计机构出具否定意见的审计报告?

可能有些人不服,说也有出具否定意见报告的啊。但请你认真想一想,审计机构是在什么情况下出具否定意见审计报告的?大多是在所有的财务造假问题都已经暴露出来后不得不出具否定意见报告的情况下,不然,就是公然与全社会为敌了!

目前根据《公司法》等相关规定,上市公司聘用、解聘承办公司审计业务的会计师事务所,依照公司章程的规定,由股东大会或者董事会决定。假若由股东大会决定,股东大会为大股东所控制,这样审计聘任就只能听命于大股东,从而丧失独立性。而若由董事会来决策,最终结果也仍然是由大股东或内部人操控。

大股东和管理层在我国从来就没有分离过,我们以前搞股份制改革,旨在管理层和所有者相互分离,但最终其实分离的是小股东的所有权和管理权,你敢说大股东和管理层分离过吗?它们一直以来都是紧密相连的,是一体的。

可以说,这种审计聘任制度实质上使会计师事务所将审计当作一门生意来做的。上市公司是它的客户,审计业务是它的一笔生意,上市公司是甲方,会计师事务所是乙方,到底谁该听谁的,一看就明白。因此,在现行审计聘任制度下,所谓的审计也只能是在符合审计程序的基础上来对上市公司财务状况进行的一个背书,所谓履行的那些审计程序,还将CPA们搞得精疲力尽,实质上是在规避审计风险。

因此,失去了发现财务造假的机制,从逻辑上讲,治理财务造假就是一个伪命题,就是一个悖论!

有人说,是不是可以寄希望于独立董事。笔者非常遗憾地说,别指望。根据《上市公司建立独立董事指导意见》的规定,"上市公司董事会、监事会、单独或者合并持有上市公司已发行股份1%以上的股东可以提出独立董事候选人,并经股东大会选举决定"。独立董事的遴选权仍然在大股东手里,这样的独立董事进驻审计委员会,即使拥有法规所赋予的各项权利,最终也仍然是花瓶摆设。

还是有人不死心,认为是不是可以通过严惩那些充当造假帮凶的会计师事务所,让它履行应尽的审计职责。笔者非常遗憾地告诉这些人,尽管对上市公司审计目前有不少法律、法规进行约束,但一些约束形同虚设。比如,发现会计师事务所参与了财务造假,对会计师事务所是有一些惩罚措施的,不过真的很轻。

由此观之,若由上市公司来聘请会计师事务所审计,会计师事务所为了得到生意和酬金,可能听命于上市公司的管理层,不一定对社会公众负责。

那到底如何来破解这个局?

笔者认为,必须尽快改变会计师事务所与上市公司的聘任机制,将会计师事务所的聘任权交到独立的第三方手中。笔者提出如下三个建议供有关部门参考:

第一,在注册会计师协会增设一个部门,可以称为民间会计审计部,所有上市公司都向这个部门交纳一定标准的审计费用,再通过会计师事务所招标方式去审计,这样,会计师事务所分不清钱是从哪里来的,可能有一个公正的立场。

第二,在证监会设立一个上市公司审计部,由该审计部及其各地分支机构负责聘请会计师事务所对上市公司的财务报表进行审计,会计师事务所对"审计部"负责,并从该机构获取劳务报酬。当然,审计费是要摊到这些上市公司的。

第三,上市公司不直接聘请会计师事务所对财务报表进行审计,而是向保险公司投保财务报表保险,再由保险公司聘请会计师事务所对投保的上市公司进行审计。

总之，只有尽快改变会计师事务所的聘任机制，让会计师事务所能够真正作为第三方，与被审计上市公司没有任何直接的利益关系，放开手脚审计，形成发现上市公司财务造假的良性机制，只有到那个时候，谈财务造假治理的问题才有意义。

第二篇 会计的情怀

第四章　大会计视野看财务、税收与民众福祉

税赋的根本问题是强国与富民的问题。

从中国税收看民众福祉

中国税收的历史,折射的是中国经济的历史;中国税收的发展,也是中国经济发展的缩影。中国的税收,就是国家与个人不断融合、不断博弈的结果。

税收是一个非常古老的经济现象。随着私有制和国家的产生,税收也应运而生。最早出现在夏朝的税收雏形——贡,距今已有 4 000 多年的历史。当时并无严格的法律规定,因此贡品的种类、数量、交纳方式完全由各诸侯、藩属的意愿随意制定。而伴随着国家的发展、王室开支的增加,自愿纳贡显然难以满足其日常需求,王室君主遂开始征收新税,并获得了各贵族阶层的支持。随着封建社会的不断发展,君主开始给予贵族税收的特权,同时加大对普通民众的赋税力度,开启了专制征税的历史。

税赋的根本问题是强国与富民的问题。

当封建王朝的君主致力于打造强国时,便不可避免地要以税赋形式从其子民手中掠夺资源,至于民众是否过得有尊严,则并不在他们的考虑范围内。历史上的各大王朝,大多是因暴力征税遭遇人民的暴力反抗而终结的。

随着封建时代的终结、民众思想意识的觉醒,纳税成为每个人应尽的义务。但国家却一定不能随意征税,同时还应该规范税收的使用,推动一系列

第四章
大会计视野看财务、税收与民众福祉

现代税收知识的广泛传播。于是,现代税收制度正式宣告开始。

在长达 2 000 多年的封建社会里,我国的税收制度一直停留在古老、简单的直接税阶段,而这一阶段的税收制度随意性较大,税收尚不具备现代税收的特征。以商业税为例,种类偏少、在税收总额中的比例偏少,这是中国古代并不完备的税收制度的重要特征的体现。

进入现代社会以后,围绕商业贸易的间接税开始登上历史舞台,成为目前中国税收的真正主宰。在这个税收历史的分水岭上,继续加大所得税、财产税等直接税的占比固然重要,但如何规范税收的使用显然更值得关注。间接税和直接税谁占多谁占少,并不是衡量一个国家税收制度优劣的唯一因素,如何将税收"用之于民,造福于民"显然更加重要。

新中国成立后,我国基本上确立了双主体税复合税制的税收体系,即以所得税、流转税为主体税,辅之以其他税种的复合税制体系。

而在 1950—1978 年的计划经济时期,为了便于征税,合并、简化税种成为此阶段税制发展的主要趋势。1973 年开展的简化税制彻底将新中国成立初期确立的复合税制简化为工商税独大的单一税制,税收的经济杠杆难以发挥作用。

1978—1993 年,我国处在计划经济和商品经济双轨制时期,改革开放的大背景使涉外税制获得了发展与完善,国内的税收制度不断丰富,截至 1993 年,我国已开征 37 种税收。虽然繁多的税种在一定程度上起到了调节经济的作用,但是却带来了征收与监管的双重困扰。

在"简税制、宽税基、低税率、严征管"的税改原则指导下,1994 年,我国开启了规模最大、范围最广的税制改革。截至目前,我国开征的税收为 17 种(分别是增值税、消费税、关税、个人所得税、企业所得税、房产税、契税、车船税、船位吨税、车辆购置税、资源税、土地增值税、城镇土地使用税、耕地占用税、印花税、城市维护建设税、烟叶税,而这些税可以分为五类,即流转税、所得税、财产税、资源税、行为税),较税种最繁多时期的 37 种少了一半多。

值得一提的是,我国于2006年取消了农业税、牧业税和农业特产税。这极大地减轻了农民的税负,为农村经济的发展奠定了基础。当然,税制改革不能止步于"简税制","宽税基、低税率、严征管"更是今后税收改革的重中之重。

从目前我国的税收收入情况来看,所得税和流转税的主体税种地位毋庸置疑。2010—2012年的3年间,流转税收入总额占当年税收总额的比重呈现下降的趋势。所得税收入总额占当年税收总额的比重,除2012年受2011年9月份个人所得税费用扣除标准上调的影响而略有下降之外,基本呈现上升趋势。目前,我国的两大主体税种占比正趋向合理化。作为辅助税种的财产税、行为税、资源税占当年税收总额的比重没有明显增长,针对调节国民经济、保护资源环境等目标,各税种收入各有升降。

经过半个多世纪的发展和完善,我国的税收制度取得了突破性的发展。传统的"税费不分"问题已经得到了重视和治理,普通民众对税收和行政性收费也有了一定的认识。与此同时,税收制度的立法体系亦不断完善,立法机关从各部委、国务院上升至全国人大及其常委会。2007年第十届全国人大第五次会议通过的《中华人民共和国企业所得税法》和2011年第十一届全国人大第十九次会议通过的《中华人民共和国车船税法》以法律的形式规定了企业所得税和车船税的征收体系,使各税种的征收在更大程度上获得认可和保障。而与此同时,税收的监管与征收也更趋规范化、科学化、合理化。

税收改革不是税务部门或者税务专家一家之事,它更需要广大民众献言献策。让更多的人关注税收、重视税收,并加入税收改革的讨论,最终建立起"取之于民、用之于民、造福于民"的现代税收制度,这是国之幸,更是民之幸!

为何企业存在雌雄两套账

——兼谈流动性陷阱

雌雄两套账,真假李逵各为谁?

雌雄两套账

笔者认为,企业做两套账的主要原因是逃税,而企业逃税也是有难言之隐的。曾经有一位小企业主告诉笔者,如果老老实实按照真实的账表数据交税,企业根本无法承受。笔者曾经做过一个关于企业真实税负的小调查,结果显示企业税负可能占到现金利润的60%以上。政府应将税率降下来,让企业不为逃税而再做一套账,这样,按真账交税其实不影响税收收入。

这其实可以从拉弗曲线(Laffer Curve)得以验证,拉弗曲线提出的一个基本命题是:总是存在产生同样税收收益的两种税率,如图4-1所示。

从图4-1可以看出,现行税负已经位于拉弗曲线的"禁税区",在保持财政收入基本一致的基础上,可将"现行税负"调整到左弧线相对应的位置,这样,在降低税率的基础上,可以实现财政收入的不降低。当然,图4-1中标出的"现行税负"并不十分准确,只是一个经验预估数。

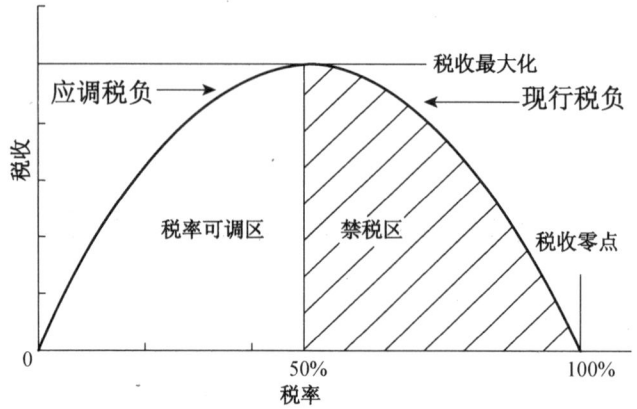

图 4-1 拉弗曲线

语萱 15：刚在一家小企业做会计，去年只有 40 万元销售额，说实话，税负的确重，企业如果老老实实按正常账面数据交税，要亏损的：增值税、核定所得税、五险一金。还要买进项。

马靖昊说会计：这就是小企业的真实现状。

许振杰 Jack：大白话，政权本质上是利益分配的权力，关键看怎么分？如何二次分配？公平和效率如何体现？

马靖昊说会计：我是以调侃的方式说清楚税收的本质的。

跳出陷阱之道：减税还是放水

政府收税是天经地义，不容置喙的！但笔者一直认为财政收入不是越多越好，并且不应轻易增税，财政收入的增速最好不要超过 GDP 的增速，政府应尽最大的努力做出降税的切实行动。这样，才能真正拉动消费，解决好目前主要由于产能过剩而引发的流动性陷阱。投资已经拉不动经济增长了，必须由消费来拉动！

减税就可以拉动消费，因为基本上所有的税最终都是由消费者来承担

第四章
大会计视野看财务、税收与民众福祉

的,减税必然增加老百姓的消费能力。笔者认为,降低税负的顺序,第一是减个税,增加老百姓的收入水平和消费能力;第二是减流转税,增加企业的流通活力和竞争能力;第三才是减企业所得税。在个税和流转税有效降低的情况下,可以不减企业所得税。

黄宇征:减税是政府拯救经济的唯一良方,降息、降准放水是救不了实体经济的,税制不能追求竭泽而渔!

马靖昊说会计:一个伟大的国家,一定是建立在税法道德之上的。必须通过减税,防止资本过早离开实体经济,我们不能过早开始去工业化。

这个降税的顺序,是有数据支撑的。2014年,全国一般公共财政收入为140 350亿元,企业所得税收入为24 632亿元,占比不算高,而国内增值税收入30 850亿元,国内消费税收入8 907亿元,国内营业税收入17 782亿元,进口货物增值税、消费税14 424亿元,占了大头。个人所得税收入虽然为7 377亿元,看起来较小,但它们中约80%为工薪所得税。

洛克菲勒 q:经济衰退,为了刺激经济,货币宽松不是很正常的吗?

马靖昊说会计:真的不正常,不是已经陷入到"流动性陷阱"中了吗?你知道什么叫"流动性陷阱"吗?就是撒钱也刺激不了。最终减税是必须的了!

很多人都记得2014年11月的那次定向降息,结果实体经济没有什么反应,倒是资本市场欢呼雀跃起来了,现在看来这可能是导致2015年短暂牛市的原因。不过,其释放出来的流动性并没有实现管理层想要的提振实业的结果,其原因是我国经济存在流动性陷阱。流动性陷阱最初的含义是利率下调到一定程度的时候,市场对利率不再敏感,对利率的调整不再作出反应。但流动性陷阱发展到当代,已经成为了一个广泛的概念,只要是一国中央银行释放出的流动性没有起到提振经济的效果,都可以称为存在流动性陷阱。

流动性陷阱的存在实质上是由于金融层面的政策和实体经济之间的传导存在着障碍,再撒钱对实体经济也没用。笔者认为,造成流动性陷阱的主要原因是早些年一直高喊的"结构性减税"在执行层面上的失败,与其说是"结构性减税",不如说是"结构性增税",总体税负一直在增加,从而导致企业投资、居民消费的能力和欲望都在减退,必须通过真正的减税措施来提振经济、推动消费了。

减税、企业家精神释放与振兴经济

企业家们往往是扛着税负的包袱与千军万马一起过独木桥,要振兴经济,提高过桥的效率,减税是不二选择。

企业家精神的创伤

中国人民银行于2015年10月23日决定,自10月24日起,下调金融机构人民币贷款和存款基准利率0.25个百分点;自同日起,下调金融机构人民币存款准备金率0.5个百分点。

当时笔者看完上面的这条消息后,眼前立即浮现出了下面的一幅画面:

一群负重的人跑不动了,边上有人拿出一堆钞票来刺激他们继续跑,这种策略不断地反复上演,最终,这些负重跑步的人都举步维艰!这就是目前中央银行不断通过降准、降息进行流动性放水的必然结果。为什么不让这群负重的人减负呢?通过减税让他们轻松地跑起来,不是更好吗?

笔者认为,针对当前宏观经济下行的压力,在货币政策方面,由于市场真的并不缺钱,降准、降息的作用很小,在很难挣到钱的情况下,大家都会采取"现金为王"的策略,所以即使加大量化宽松的力度,大概也没有多少资金会跑到实体经济中去,可以说,中央银行"双降"刺激经济增长的能力已经大大减弱。这时候,积极的财政政策应发挥出其应有的功能,建议政府在减税,甚至直接补贴企业职工社保上面想办法,出重招。

笔者认为,与中央银行的降准、降息相对应,在财政上应该有一个"双降一补贴"策略:第一,降企业税负,提升企业的盈利能力,让更多的人敢于创业、乐于创业;第二,降中央财政比重,1994年分税制改革将企业税收大量上划至中央财政,如75%的增值税,导致地方发展企业的积极性大大减弱,转而创新出的土地财政导致了高房价的恶果。一补贴:对于中小企业来说,员工社保占了人工成本的很大一部分,为了降低中小企业的人工成本,可以对民营企业职工社保进行补贴。这个可以学习德国政府在经历2008—2009年金融危机后的做法,德国政府当时决定,工人的社保前6个月由政府支付一半,6个月后,由德国政府全部买单。

是谁在促进经济的增长?是富有创造精神的企业家。

在经济不景气、企业挣不到钱的大背景下,为企业大幅减税,将利润还给企业,才能让大家有信心创业,并刺激企业家继续将钱投入到实业中去。另外,全面减税也将增加职工个人收入。这样,企业投资的增长和个人消费的增加,就可以释放社会需求,把经济拉出下滑的区间,回到快速增长的轨道上来。

当经济面临下行压力的时候,市场主体最需要减税降费的"及时雨",但由于与下行压力相伴随的是财政收支压力,政府在这个时候往往明显缺乏减税降费的动力。李克强总理说,"要加大结构性减税和定向减税,为未来发展培育新动能,用政府税收减法,换取'双创'新动能加法"。其实政府已经意识到减税的重要性了。

关键是政府应痛下决心,全面大幅度减税,甚至可以大胆地适度扩大财政赤字规模,这样既可以刺激消费、促进经济转型,又可以增强对低收入群体的社会保障,在维护社会稳定的同时促进市场的自发调整,还可以克服一些政府官员"懒政"倾向对政策执行过程的不利影响。

笔者有足够的理由相信,在切实减税之后,能够极大地激发普通中国人的企业家精神,能够成功修复中国经济增长的引擎,能够产生更多的发展动力,而这正是落实李总理"大众创业万众创新"号召的前提,更是实现今年经济发展总目标的有效保障。

减税——振兴经济的良方

笔者认为,除了美国这个超极霸权可以奉行凯恩斯主义外,其他国家根本就没有资格。凯恩斯主义说到底无非就是让政府花钱花得爽,有钱要花,没钱也要花,美其名曰拉动需求。钱从哪里来呢?无非三条路:借债、加税和印钞。美国主要靠借债和印钞,由于美元的霸主地位,它可以输出通胀,而在其他国家就是打鸡血。

从历史上看,政客们是很爱凯恩斯的,原因是他为政客们大肆花纳税人的钱披上了合法的外衣。政客们在他的衣钵下,疯狂地用苛捐杂税来压榨企业和消费者,让财政收入以大大超过GDP的增速飞速增长,最终的结果必然是国富民穷。从纳税人那征来巨款后,就开始了疯狂的花钱行为,对外大量投资,美其名为刺激经济。

全面大幅度地减税,把钱留在企业,才是促进经济发展的最简单方法。为什么以前减税没有这么迫切?因为以前劳动力成本比较低,在弥补完税收后,企业家仍然有值得去拼搏的利润率,而现在情况变了,劳动力成本高,企业税负问题一下子成为主要矛盾,因此该全面减税,让企业家轻松再上路了。

笔者一直坚持认为中国经济的问题出在税收上,只有从企业内部激发出活力,才能重振中国经济。没有线下实体经济的支撑,"互联网+"都是浮云,只是一个新的销售渠道而已。

税收与经济增长之间是一种负相关关系,因为企业所得税的增收会降

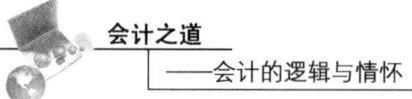

低企业盈利水平,削弱企业的市场竞争力;个税的增收,会降低劳动收益率,抑制劳动供给,直接减少个人财富;而增值税的增收,则会导致物价上升,抑制消费。想要经济增长,政府必须真正执行减税政策!

只有在减税的条件下,放松银根才能够刺激经济。

目前中国企业税负很重,大量企业根本赚不到钱或者经常亏损,这种情况抑制了资金流向实体经济的冲动。相反,大量的资金流向了股市、楼市。

虽然政府鼓励"大众创业万众创新",但资金却没有听从这个召唤,资金本身的趋利性以及它的保本增值本能决定了它在实业不好做的情况下,就只好炒股炒房了。

可以说,重税会极大地消耗量化宽松的货币政策刺激经济的空间。这个不是臆测,是有理论依据的。大家可以看看下面的费雪定律。

费雪定律的公式是 $MV=PQ$,在 V(资金周转效率)不变的情况下,注入 M(放松银根),可以刺激经济(商品价格 P 上涨或商品数量 Q 增长);但是,在 V 不断降低(甚至趋近于零)的情况下,即便是不断注入 M,刺激经济的效果都将会锐减(无法维持价格 P 或产能 Q 增长)。

换句话说,放松货币(增加 M)是有约束条件的,QE 不会永远是万能的,特别是在 V 已经出现严重问题的情况下(趋近于零),M 的增加非但不能解决问题,还极有可能导致灾难性后果(恶性滞涨)。

目前大量资金并没有进入经济实体,实体经济的资金周转效率不断降低,尽管市场中存在大量的闲置资金,但实体经济却缺乏资金甚至出现了钱荒的怪现象,其根源在于过重的税负阻止了资金进入实体企业,结果是淘汰不了过剩的产能,产业无法升级,实体经济陷入恶性循环中。

可以说,当前经营企业的投资回报率太低,经营企业甚至成了高风险的活动,降准降息释放出来的钱,多半是找机会投机赚钱去了,那才是风险最小的买卖。其实这种情形在货币宽松时已经大量出现,必须依靠减税的财政政策才能有所改变了。

只有在减税的情况下,才能搞活企业,培育税源。

目前经济进入新常态,经济增速放缓,财政收入呈下降趋势,政府"钱袋子"变紧,其根源在于企业盈利能力差。

应对这种情况,其实,我们老祖宗已经给出了方法,在《论语·颜渊》中早有记载:

鲁哀公问孔子的门生有若:"荒年收成不好,国库里钱不够,应该怎么办?"有若回答说:"能不能将老百姓的税从百分之二十减到百分之十呢?"

哀公说:"收百分之二十的税,国库里的钱都不够,如果减到百分之十,那不更惨了吗?"有若又回答道:"如果百姓手中没有钱,国库里又怎么能有钱呢?如果老百姓手中有了足够的钱,你又何必为国库里没有钱发愁呢?"

这其实反映了儒家的"富民"思想:对百姓施加仁政,实现轻徭薄赋,坚持藏富于民,税收总量才会增加。这其实就是古代版的"拉弗曲线",由此看来,古代有若的想法与现代"拉弗曲线"的理论不谋而合。

"拉弗曲线"说明了税率与税收收入的关系:当税率的提高超过一定的限度时,企业的经营成本提高,投资减少,收入减少,即税基减小,反而导致政府的税收减少。

中国的"拉弗曲线"到底是一个什么样子呢?请参见图4-2。

既然中国的"拉弗曲线"得到了数据支持,政府就应全面大手笔减税,让宏观税负尽快告别"拉弗曲线"的右下侧,把钱留给企业,让它们有自我发展与增长的基础。成千上万的企业效益提高了,政府的财政收入自然就会增加。

20世纪80年代以来,西方国家形成了一轮世界性的减税浪潮。资料显示,这些国家的实际税收收入并没有降低,反而呈现上升的态势。其原因,一是减税政策有效地激励了投资和消费,经济增长扩大了税基;二是纳税人偷逃税的动机减弱,带来更多的税收收入。

中国目前的减税主要应该体现在增值税、个人所得税方面,笔者认为,

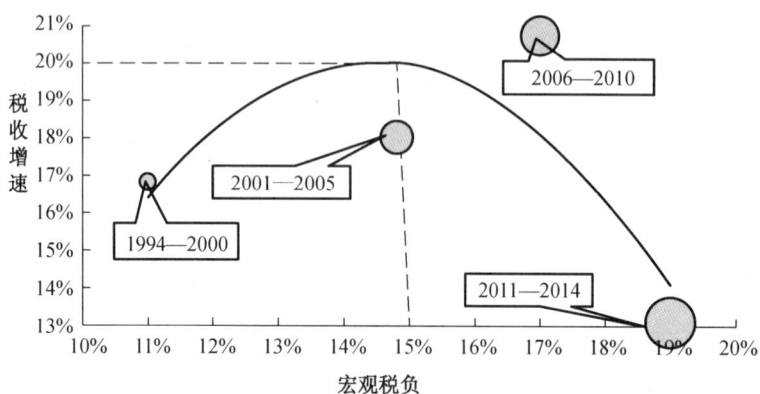

数据范围:1994—2014;数据来源:中华人民共和国财政部。

图 4-2 中国的拉弗曲线

备注:1994—2014年间,税收增长和宏观税率之间的关系大致分为四个阶段:

(1) 1994—2000年,税收年均增速为17%,宏观税负均值为11%,属于"低税率、低增长"阶段。

(2) 2001—2005年,税收年均增速为18%,宏观税负均值为15%,属于"低税率、高增长"阶段。

(3) 2006—2010年,税收年均增速为21%,宏观税负均值为17%,属于"高税率、高增长"阶段。

(4) 2011年至今,税收年均增速为13%,宏观税负均值为19%,属于"高税率、低增长"阶段。

减税不能再蜻蜓点水了,要猛一点,建议至少要让小微企业的税负减少一半。

采取减税政策,不仅不会造成财政收入的减少,反而会增加财政收入,让中国真正焕发出全民创业的热情与活力,走上民富国强的良性发展道路。

况且,老祖宗在2 000多年前就是这么干的,历朝历代的经验,已经告诉我们,只要轻徭薄赋,经济就发展,社会就和谐。

个人所得税应该沦为穷人税吗

法国经济学家托马斯·皮凯蒂在《21世纪的资本论》中提出,通过向富人征税,再经过政府转移支付给穷人,这是缩小贫富差距的有效路径。就税制而言,个人所得税调节收入分配最为有效,但我国个税收入中六成以上来自工薪人群,这显然不利于发挥其调节收入分配的功能。

国内外个税知多少

如果将收入分为低、中低、中等、中高和高五档,"低、中低、中等"收入的人群属于"贫下中农",所面临的生活压力很大,不应该交纳个税,"中高和高"收入的人群属于"富农和地主",是个税的主要纳税对象,在欧美发达国家,收入排名前10%的人群则承担了60%以上的个税,穷人不但不需要交个税,甚至还能拿补贴。

1980年,《个人所得税法》实施,个税免征额定为800元。事实上,在相当长的时间里,个税的纳税对象只局限于在华工作的外国人。因为那个时候老百姓的月收入很难达到800元。2006年个税免征额提高到1 600元,2008年调整为2 000元,2011年再次提高到3 500元,显然,相对于1980年的800元,太低了。

可以说，目前绝大多数城市的居民月均消费支出超过了3 500元的免征额标准，如果再加上住房、汽车支出，远远超出了这个数，平均消费支出超过3 500元，意味着民众部分基本的消费支出被强制性征税。如果个税成了"穷人税"，就失去了个税征收的意义。

目前，中国个税为7级累进税率，除3%的最低税率外，其次为10%、20%、25%、30%、35%和45%。如果中国是高福利国家，人人都不用为自己的未来担忧，这样高的税率是没有什么问题的，关键是我国现在和将来都不具备成为高福利国家的条件，绝大部分没有实现财务自由的人群都在为自己的未来生活担忧，在这种情况下，过高的税率累进恐怕会给人留下避税、逃税的隐患。

笔者认为，个税最高档45%的税率至少应与企业所得税税率持平，降低到25%。这样，既避免了一些企业主钻空子，将自己的工资定得很低，也让企业为更多的优秀员工涨得起工资。这方面，香港地区的税率设置就很合理，公司利得税与个税的最高税率一致，均为16.5%，基本上避免了出现部分企业老板将家庭以及个人支出都打入企业的经营成本中的情况。当然，不能期望中国内地将个税的税率也定得这么低，内地有内地的现实情况。

从长期来看，新一轮个税改革将分四步走，包括合并部分税目、完善税前扣除、适时引入家庭支出申报制度、优化税率结构等。改革的最终目标是以家庭为纳税单位，按照劳务性收入、财产性收入和偶然所得进行分类征税，在确定合理免征额后，对家庭赡养老人、子女教育、按揭贷款利息等支出进行税前抵扣。

在现实中，所谓最优税制是不存在的，通过利益相关方的博弈，能够找到各方都能够接受的税制很不容易。至于具体如何改个税其实不是最重要，最重要的是让个税回归其征税的目的。

为什么应将工资薪金税免征额提高到 8 万元

个人所得税伴随改革开放的脚步,成为了劳动者最熟悉的一个税种。个人所得税中的工资累进税征收对象大都是"工薪族",征收标准分为七档,见表 4-1。

表 4-1 个人所得税征收标准

级数	全月应纳税所得额 (含税级距)	全月应纳税所得额 (不含税级距)	税率	速算 扣除数
1	不超过 1 500 元	不超过 1 455 元的	3%	0
2	超过 1 500 元至 4 500 元的部分	超过 1 455 元至 4 155 元的部分	10%	105
3	超过 4 500 元至 9 000 元的部分	超过 4 155 元至 7 755 元的部分	20%	555
4	超过 9 000 元至 35 000 元的部分	超过 7 755 元至 27 255 元的部分	25%	1 005
5	超过 35 000 元至 55 000 元的部分	超过 27 255 元至 41 255 元的部分	30%	2 755
6	超过 55 000 元至 80 000 元的部分	超过 41 255 元至 57 505 元的部分	35%	5 505
7	超过 80 000 元的部分	超过 57 505 元的部分	45%	13 505

工资累进税免征额为 3 500 元,难道所挣工资达到 3 500 元就不是穷人了?在北京月工资 10 000 元啥时能买得起住房?而凡是挣工资的有几个是富人?原本个税是向富人征收的税种,竟让老百姓成了纳税主体。

在 2014 年全国"两会"重庆代表团审查计划报告和预算报告时,全国人大代表、重庆市市长黄奇帆一针见血地指出:"国际惯例是个税税率不超过企业所得税税率,但中国个人所得税税率最高,竟达到 45%。"

个人所得税按所得分类征收,个人所得大体有工资薪金所得、经营所

得、劳务报酬所得、财产租赁所得、利息股息红利所得、偶然所得等。

对工薪报酬征收个税本质上是针对劳动征税,笔者认为,这是不合理的,为此,笔者建议,免征额至少要提高至 8 万元,甚至可以干脆取消对工薪报酬征收个税。

笔者认为,中国的个税其实不属于所得税范畴,它符合流转税"雁过拔毛"的特点,只是规定了一个免征额,从本质上它还是属于流转税,只有以家庭为单位,从收入中扣除家庭基本生活开支等支出后,如有剩余,再行申报交纳,才是真正意义上的个税,才属于所得税范畴。不过,以家庭为单位计征个税,其操作的难度很大,征税成本会很高,这也是笔者认为应该干脆取消个税的一个原因。

为什么说个税的工资薪金税免征额要提高到 8 万元呢?这不是拍脑袋拍出来的,而是有计算依据的:30 多年前开征个税时,免征额为 800 元。那时平均月薪才 40 元,个税免征额约为平均月薪的 20 倍,能挣到 800 元的人非常稀有。因此个税确实如政府所说,是针对富人的税收。而现在个税免征额提高到 3 500 元时,平均月薪却只有约 4 000 元,交纳个税的主要群体变成了工薪族。因此,笔者认为要真正面向富人征收个税,免征额依然应该提高到平均工资的 20 倍,即月薪 8 万元方为合理。

中国应尽快进行个税改革,让个税尽最大限度减少对劳动成果征税,让它真正成为一种"富人税"。

税收与环境治理

——与众网友讨论

税收与环境治理,谁是目的谁是原因?

笔者的这个话题,缘于瑞华会计师事务所高级合伙人、全国政协委员张连起先生的一条微博。该微博经过我的点评转发后,居然引起了一场有关"税收与环境治理"问题的大讨论,很有意思。笔者现将各种观点编汇如下,希望通过这场讨论引发大家对于税收与环境治理关系的一点思考。

张连起:排污"费改税"已经讨论多年,现在进入出台倒计时。排污收费是具有行政收费外壳的一种"准税收",偏重筹资和排污末端治理,征收程序不规范,存在"寻租"空间;征管法规强制性不足,无法有效震慑违法行为;环保部门执法力度不足,难以依法足额征收排污费;地方保护主义的影响造成排污费征收不到位。

马靖昊:排污收税等于变相承认了排污的合法性,污水是不能排放的,只有清洁了,才能排放!如果交钱就允许排放,谈何环境保护!以前环保部门甚至以收取排污费作为创收的手段,这是前些年环境被严重污染的罪魁祸首!任何以治理环境污染的名义收税,都是胡搞!治理环境污染只能通

过刑法!

张连起:这个理解是有偏差的,不是收税就是承认排放合理,而是通过税收杠杆抑制污染排放。毕竟市场经济要有法治(税法)思维,不可能动不动就走刑法程序,这不是正常国家手段。任何偏激都解决不了沉疴顽疾。

网友1:老实告诉你,这个一点也不偏激。如果环保税级次是县市级的话,那么基层政府在财政收入的压力下很难保证其实现环保税更加重要的环保治污功能。

张连起:你对整个税收的设计和用途还不了解,你应该明白政府在环境治理方面面临的巨大压力。这是中央层面统筹区域联防联控,税收的力度会让污染企业不敢也不能造次!

为群说税(上海财经大学朱为群教授,下同):确实有点偏激,但也不无道理。排污税或者排污费能在多大程度上缓解环境污染,需要观察和评估。

网友2:为了税收任务,地方政府会欢迎污染企业也未可知。

为群说税:环境净化和税收收入增加之间存在矛盾,政府会作出有利于自己的决定。

马靖昊说会计:我与张先生很熟悉,我想,他可能是在强调税收的作用,但也不能否认其他手段的作用。

张连起:一是这项税收只会用来治理污染联防联控,二是这是中央税,三是税收机理不是为了收,而是为了不收!这项税收是环境税,不是一般意义上的流转税、所得税。总体设计与计量控制早已考虑了你的想法。

网友1:张先生太不了解基层生态。税收的压力和环保的压力,您说哪个大?

张连起:既然不是地方税,地方有什么动力和压力。这跟经济下行八杆子打不着。另外,根本就没有什么任务指标,由垂直领导的环保部门根据排放量独立核定。我对基层生态很了解,这项税收的设计早已考虑到你想的内容,更多的是你没想到的。

马靖昊：征税的主要目的就是多收点钱，多增加财政收入，至于说它能调节人们行为习惯，就太牵强了点。要真正让人们不吸烟，就坚决禁烟；要真正治理环境，就坚决让污染环境的人坐牢。实际上，有些时候，靠征税来抑制某种行为，反而会让这种行为合法化、常态化。

笔者认为，对于企业涉及的环境污染行为，绝不能指望用经济手段去解决。2015年年底，由财政部、环保部等部门联合起草的《环境保护税法（送审稿）》正式提交至国务院，目前草案正在审议中。然而，环境保护税应该改名为环境破坏税更合适，因为没有环境破坏，就根本收不到这个税。这个税收得越多，表明环境破坏得越厉害。由于税收的转嫁性，收的税最终还是会落到老百姓的头上。因此，想用税收手段去解决污染问题未必可行。环境污染的行为属于违法犯罪，要真正解决问题，只有将他们抓起来坐牢。

很多学者在这方面走入了思维的误区，在谈到治理烟草、治理环境污染等关系人民群众身体健康等重大问题时，往往想到的就是征重税。这可能是教育的失败——从来不从根源上去思考，只知道形而上学地套用书本上的原理来找答案。现在的烟草税已经够高了，该吸烟的不是还在吸烟？如果对制造污染的企业征重税就可以治理污染，岂不是通过征收犯罪税就可以防止犯罪？所以，要禁烟，就不要生产香烟了，而想要保护环境，也只有禁止破坏环境的行为发生才行，任何以"提高税负"的方法来控制某项行为的想法都是行不通的。

房地产税、房价与地方政府债务

房地产与经济、开发商与政府的关系不言而喻。

房产税和房地产税的区别[①]

房地产税是一个综合性概念,一切与房地产经济运动过程有直接关系的税都属于房地产税。在我国包括房地产业增值税、企业所得税、个人所得税、房产税、城镇土地使用税、城市房地产税、印花税、土地增值税、投资方向调节税、契税、耕地占用税等。

房产税是以房屋为征税对象,按房屋的计税余值或租金收入为计税依据,向产权所有人征收的一种财产税。

房地产税——一种典型的税上加税

房地产税,其实是一种典型的税上加税。不信的话,我们可以先看看土地出让金和政府税费占房价的比例。

---

① 本文写于营业税取消之前,保留了营业税以保证逻辑完整。

目前房地产所涉及的税费比较繁杂,直接与房地产相关的税种有13个,主要包括企业所得税、营业税、城市维护建设税、教育费附加、土地增值税、印花税等。假设房子市值是200万元(单价16 000元/平方米,面积125平方米),这套房负担的税收主要为以下几种:

一是企业所得税,由于国家规定房地产的最低利润率不得低于8%,所以企业所得税一般是免不了的。

二是营业税(已改为增值税,税率与原营业税税率差不多),开发商品房的营业税税率为5%。

三是土地增值税,随着土地价格的不断提升而动态增加。

四是城市维护建设税以及教育费附加。

五是印花税,商品房销售合同按0.05%贴花。

除此之外,还有城镇土地使用税、契税、房产税或城市房地产税。简单地说,一套总价200万元的房子,相关税费接近30%。而土地出让金也往往占到房价三成以上(参考:任志强曾经说"现在人们老是觉得房价贵,是因为现在房价有50%是政府的土地出让金"),这样算下来,房价的六成左右实际上是老百姓交给政府的税费。

如果目前将含有以上税费的所谓房价或评估价作为基数,向房产所有人征收房地产税,那么计税基数中本来就含有大量的税费,因此,可谓是税上加税。其实税上加税也是常见的,只要不是在增值的基础上征税,都逃不了税上加税的可能性。但房地产税作为一种"税上加税"有其特殊性,它是每一年都必须要上交的,不是一次性的,而是要与持有的房产终身相伴的。

目前地方政府土地财政的实质为:一方面通过高价出让土地,取得巨额土地出让金;另一方面高地价带来高房价,在"税上加税"的基础上推动房地产税费的增加。如果地方政府的财政收入依赖于土地财政(包括房地产财政)的绳结始终解不开,在可供出卖的土地资源逐步枯竭后,开征房地产税的内在驱动力将非常强劲,可谓锐不可挡。

对当前社会针对房地产税的一些论调,笔者尝试进行批驳。第一,某些经济学家还在论证开征房地产税是否会加大老百姓的负担,笔者认为只要征税,就会加重负担,这不是明摆着吗?用得着去认证一个结果很清楚的问题吗?第二,某些经济学家还认为开征房地产税是政府对房地产调控的有效手段,房地产调控的思路不是加税,而应是减税。征收房地产税就是解决地方政府财政收入问题,这是1994年"分税制"所造成的地方财政收入入不敷出的结果。政府对高房价征收房地产税将进一步将"穷人"挤出市场。

为了避免在开征过程中引发社会矛盾,笔者提出如下几条可操作性建议:

第一,要利用好"代扣代缴"制度,将房地产税由直接税巧妙地转变为"间接税",由房地产税负税人所在单位作为代扣代缴责任人,在工资中逐月按比例直接扣除。这可以最大限度降低"拔鹅毛"的痛感,将税痛化解于无形!

第二,老百姓交纳的房地产税可以作为个人所得税的抵减项目。

第三,征收的房地产税的使用范围应该明确规定,至少有一部分要用之于民,如交纳了房地产税的老百姓可以免交小区的物业管理费,对小区的基础建设可以考虑加大投入,让居住环境在纳税后能够有所提升。

第四,要考虑好老百姓自住房的免税诉求,充分考虑他们的税负承受能力,真正贯彻好中国共产党第十八次全国代表大会大提出的居民收入到2020年翻一番的战略目标,规定好一个免征面积空间。比如,三级城市人均80平方米免征房地产税,二级城市人均70平方米免征房地产税,一级城市人均60平方米免征房地产税。

第五,进一步减少财政供养人口数量,有资料显示,2012年时我国财政供养人数就已经超过了6 000万人,目前的情况是有增无减,中国行政管理费用占财政总支出的比重估计接近或超过25%,对比经济合作与发展组织国家(世界主要发达国家),其行政支出占财政支出的比重普遍要低于中国,

各国基本都能控制在15％以下。因此,建议政府搞精兵简政,将财政供养人数降下来,将行政支出占财政支出的比重降下来。

房地产税到底能抑制房价上涨还是会推升房租价格

有人想不明白房地产税对房价的影响到底是会抑制房价上涨还是推升房租价格？在笔者看来,任何针对房子的征税都只能增加房子的成本,它是房价的组成部分。从征税的角度看,房地产税一定会推高房价,推高了房价,当然也将推高房租价格。

有人说,持有房产的成本因收税也相应提高,这会影响房屋供求,从而影响价格。但笔者从没见过因征税导致的价格下降。至于持有房产的成本因税收而提高,从而影响需求的观点,笔者想说,影响需求的力量一定小于房价上涨的力量,一个是内因,内在的驱动力,一个是外因,外在的表现。

关于税收,经济学行内有一个颇为戏谑的理论——"粘蝇纸理论"。当对一种产品征税时,谁来承担税负,是买者,还是卖者？"粘蝇纸理论"认为,谁交税就只对谁有影响。也就是说,税收负担就像粘蝇纸上的苍蝇,最终粘在它落地的地方。这个理论,经济学界只是将其作为茶余饭后的笑谈,并不当真。

除了直接对银行存款征收的税外,基本上所有的税都可以转嫁,税收的可转嫁性是它的基本属性之一。征收房地产税,肯定会加大持有房产的成本,当房产出售时,就当然要转嫁给买者,当房产出租时,就当然要转嫁给租户。这是天经地义的！

还有人反驳说,征收房地产税后,可以加大房产的供给,从而可以让房价降下来。表面上听起来这确实有道理,也符合经济学上供需平衡的基本原理。但仔细想想,只有扩大生产,也就是只有不断地多盖房子,才是真正

意义上的增加供给。在房产刚性需求下,由于房地产税的征收而可能释放出来的一点存量房产,真的不足以起到降低房价的作用。

为什么笔者前面提到只有对银行存款征的税才不具有转嫁性,因为银行存款不是物品,它已经是产品和劳动的价值实现。我们有没有对银行存款征税呢?从表面上看,是没有。在世界上任何国家,只要直接对银行存款征税,一定会引发社会动荡。可以说,只要开征银行存款税,世界各地的经济学家都会群起批驳这种赤裸裸的掠夺财富的方式。其实,我真觉得这些经济学家们有点大惊小怪了,好像人类从来就没有干过这种事似的。实际上主流资本主义国家都存在对银行存款征税的情况,只是换了一个形式而已。笔者认为,产生于资本主义国家的个税其实就是银行存款税,只是这个税在"银行存款"没有形成之前就让政府拿走了,难道这有什么本质的区别吗?这要归功于"代扣代缴"制度。发明"代扣代缴"制度的人真的非常聪明,通过代扣代缴,钱在进入个人口袋之前就被"扣"了,真的是"拔最多的鹅毛,听最少的鹅叫",纳税人被拔毛时,还没来得及哼一声,"毛"就被拔走了,被征税的"痛苦指数"降到了最低。

那么"粘蝇纸理论"为什么在房地产税上是错误的呢?因为它忽略了最为重要的一点:课税对象是可以转移的。因此,只要开征了这个税,房价和房租一定会上涨。其实,政府应该认真考虑是否应该开征房地产税。笔者认为,用对高档住宅征收消费税的方式来取代房地产税更好。凡是人头税性质的税种,政府应尽量谨慎对待、尽量避免。

清华大学李稻葵教授在一次接受媒体采访时表示,建议适时推出房产税,但税率要低,应低于1%,而且是普世的,人人都要交,而不是一部分人交。笔者不赞同他的观点,房地产税要公平的话,就应具备劫富济贫的效用,如果变成地地道道的"人头税",看起来是"公平",实质是对公平的极大破坏。

开征房地产税能够解决地方政府债务问题吗

笔者认为,通过开征房地产税解决地方政府债务问题是行不通的。

第一,购房者在购买房子时,已经交纳了巨额的土地出让金,再交房地产税就是重复征税;第二,由于土地出让金的缘故,房价已经很高了,再在高房价的基础上征税,就是泡沫税;第三,用交纳个税后的收入再去交纳房地产税,将彻底消灭中产阶级。

业内人士预测,房地产税将在3年内开征,首套房税率0.5%,二套房、三套房依次往上加,税率最高不超过3%,并估算价值100万元的首套房可能每年增加约5 000元税负。笔者还是坚持最好不要开征房地产税的意见,即使开征,一定要给老百姓一个免征住宅面积,如人均50平方米免征,超过后,再套用累进税率的方法。

如果按照房子的套数去征税,第一,不合理,因为房子有大有小;第二,老百姓可能为了避税,又得离婚了,以趋向最小的税率。

房地产税的出台是否会带动房价下跌,需要观察。笔者认为,房地产税的出台是为了解决土地出让枯竭后,财政没钱的问题,从对买房一次性征收,变成细水长流地征收。但这无疑又是一项套在老百姓头上的"人头税"。财政没钱应该开源节流,从增量经济活动中征税,对存量资产征税,总有点"打劫"的意味。不是西方资本主义国家征收了房地产税,我们中国征收就具有法理性。

回头看,1994年分税制改革是促成现今高房价的一个重要因素。地方政府没钱,事权与财权高度不一致,地方政府只能打土地的主意。笔者认为,不应该再打土地和房子的主意了,应该另想办法。

笔者最担心房产税在落地环节产生剪羊毛效应,导致富人无所谓,老百姓遭殃;最怕出现国家收税后房东涨房租的情况,从而导致年轻人租房成本

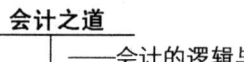

高、生活压力大。为维稳,政府应提高最低工资标准,完善劳动合同法,要求企业涨工资,将这部分税收变相由民营企业老板消化掉一部分,然后写字楼物业的租金成本也会涨,民营企业老板该怎么应对?我们的商品或服务价格也跟着涨?还是搬迁到成本更低的地方?

增值税的前世今生与表里形神

增值税自诞生开始就披上了"价外"的合理外衣,但是增值税真的那么"单纯"吗?

增值税为何物?

你知道世界上最"狡猾"的税种叫什么吗?告诉你,叫增值税。

增值税设计者是20世纪50年代法国税务总局局长莫里斯·洛雷,这位局长真是一位税收天才,玩了几下数学游戏,就创造出了增值税。他在购销价格中切下一块,将其命名为增值税,并人为地将其与价格分开,好像税就是税,与组成商品的价格"脱离"了关系。与此同时,利用增值税可以抵扣的幌子,让企业看起来只是增值税的"代收代缴人"而已,让企业没了脾气。而增值税包含在商品的价格中的特性,使消费者因为看不到其中的税,肾上腺激素也上不来了。莫里斯将增值税的确设计得很牛,笔者认为,增值税其实是最"狡猾",最具欺骗性的税种。

增值税以"价外税"的形式玩"价内税"之实

虽然说增值税是价外税,但最终消费者什么时候见到过商品价格外的增值税数额？实际上，增值税是在玩计算方法的游戏，它本质上是"价内税"，价外税与价内税只是表面有所区分，只是计算方法不同而已，实际上都是从价格里挖出来的钱。在商品的最后流通环节，增值税表现在价格中，而价格的高低是由一个愿打一个愿挨的交易过程决定的，消费者自然不会抵制，甚至连感觉都没有。所以，增值税后来被各国政府视为最巧妙的"拔鹅毛"式税收，即使把鹅毛拔光，鹅也不会叫一声。

在老百姓购买商品前大部分增值税已被征收

增值税的设计体现了一种狡猾的征税技巧，虽然最终税负承担者是老百姓，但在老百姓购买商品承担增值税前，税务局就已经将大部分增值税通过企业代缴收到了。实际上，税务局几乎将全部税收风险通过所谓的"代收代缴"转移给了企业。但由于给了企业一个"甜头"，即规定在价格中的进项税额，未来是可以抵扣回来的，因此，企业抵制增值税就说不过去了。

从表面上看增值税不影响企业的损益

增值税不影响损益，实际上是其会计处理造成的。由于增值税被设计为"价外税"，按照这种设计，它的会计处理也配合得天衣无缝。可以说，增值税的会计处理实质上是配合税务另设了一套核算系统，它将部分收入（改名为销项税额）和成本（改名为进项税额）的核算放在损益核算体系之外，用于迷惑纳税人，这样税务切走的那一块就不在损益中核算了。

由于增值税不在损益中核算，看起来增值税就不影响企业的损益了！

但增值税真不影响企业的损益吗？如果你认为是这样的，你就犯下了形而上学的错误。企业真金白银地将钱交给税局了，怎么可能不影响企业损益？只是它游荡在损益之外而已。不然，为什么税务局都要对企业搞一个增值税税负分析呢？既然税务局都承认企业存在一个增值税税负，增值税怎么会不影响企业损益呢？

按照现行税法规定,企业在计算交纳增值税之后,还要依据当期流转税额计算交纳城市维护建设税和教育费附加,而城市维护建设税和教育费附加作为企业的产品销售税金及附加,需要企业在税前扣除,进一步影响企业的净利润,笔者后面会详细介绍增值税对企业损益的影响。

抵扣进项税额时条件严格

增值税妙就妙在产品销售前,企业就已经将其(进项税额)交给国家了,补交的只是增值后多出来的税(销项税额－进项税额),环环相抵扣,设计得非常美妙。中国的增值税管理非常严格,企业要抵扣,必须符合很多条件,这些条件中如果有任何一项不符合,就会导致不得抵扣的结果。如果不得抵扣,企业却抵扣了,税务局稽查的时候发现了这个情况,就会要求企业转出进项税,并且对其进行处罚。

增值税对企业利润影响几何

学财务的人都知道,增值税不在利润表上体现,因此,不少财务人认为增值税不影响利润。但老板以及一些没学过财务的人往往感到很困惑,交税肯定要花钱,而且钱从企业的账上扣去了,利润当然会减少,那怎么说不影响利润呢?再说,如果增值税不影响利润,我们又为何要绞尽脑汁去做纳税筹划呢?

如果说营业税不影响利润,那么,同为流转税的增值税也不影响利润。但地球人都知道营业税是影响利润的,对于任何企业来讲,增值税都存在一个与营业税对企业而言相类似的税负率,因此,笔者可以肯定地说,增值税确实影响企业利润。那为什么地球人对增值税到底影不影响利润存在困惑呢?

有人说,增值税影响的只是经营现金流,而不是利润。可是经营现金流是什么？它可是利润中最有价值的现金利润啊！花钱缴税影响了经营现金流，就一定影响了利润。

现在我们将增值税重新纳入价内进行会计处理，那么，增值税对损益影响如下(先不考虑附加)：主营业务收入－主营业务成本＝含税收入－含税成本－(销项税额－进项税额)＝含税收入－含税成本－含税收入×实际税负率。

到此，已经很清楚了：在理想状态下，也就是企业完全实现了销售，并取得了可以抵扣的进项税票时，增值税也是客观存在实际税负率，并对利润有具体影响的。接下来，再说说在非理想状态下，增值税对利润的影响。

(1) 因进项税额不符合抵扣的条件或未取得合法有效的扣税凭证而导致的增值税对企业利润的影响：企业因进项税额而发生的相应现金流出额，因为得不到抵扣而计入相关的产品成本中，进而影响企业的净利润。

(2) 某些视同销售行为导致的增值税对企业利润的影响：如某视同销售业务的账务处理为：借："营业外支出——捐赠支出"账户，贷："库存商品——××商品""应交税费——应交增值税(销项税额)"账户。通过以上账务处理程序，能清楚地看出视同销售货物，其应交增值税销项税额对企业利润有直接的影响。

(3) 因发生应收账款坏账损失而导致的增值税对企业利润的影响：对于确实无法收回的应账款项，报经批准后作为坏账，转销应收账款的分录为：借："坏账准备"账户，贷："应收账款"账户。应收账款中包含了应交增值税销项税额，该部分增值税销项税额通过资产减值损失转入本年利润，从而对企业利润产生影响。

(4) 由于交纳增值税而计算交纳的城市维护建设税和教育费附加：按照现行税法规定，企业在计算交纳增值税之后，还要依据当期流转税额计算交纳城市维护建设税和教育费附加，而城市维护建设税和教育费附加作为企业的产品销售税金及附加，需要企业在税前扣除，进而影响企业的净利润。

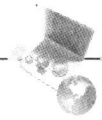

笔者将增值税批判得如此厉害,其实骂的是那位增值税的设计者:法国税务总局局长莫里斯·洛雷,没有这位税收天才,增值税到现在还没诞生也是有可能的。但相对于营业税而言,增值税确实有其进步的地方,至少避免了重复征税。此外,增值税实行购进扣税法和环环发票抵扣,使购销单位之间形成相互制约的关系,有利于税务机关对纳税情况的交叉稽核,防止偷、漏税行为的发生,可以有效地保证财政收入及时入库。

可以说,增值税是最有利于财政收入增长的税种。

增值税税负率与毛利率之间的关系

增值税就是对产品的附加值所征收的税,即对产品的投入与产出的差额征收的税。因此,它就相当于对毛利征收的税。但税务局很难确定和把握各个企业产品的投入状况,就采取以取得增值税发票抵扣联并符合抵扣规定进行抵扣的措施。生产产品投入的部分材料、工资、费用等不能取得增值税发票。故对毛利额征收的增值税并不等于实际交纳的增值税,但有一定的联系。

增值税税负率(以下统称为"税负率")=增值税额÷销售收入

以毛利额推算增值税额(税务):

增值税额(税务)=[销售收入-(总销售成本-不可抵扣税的成本)]×17%

即:

增值税额(税务)=(毛利额+不可抵扣税的成本)×17%

税负率与毛利率的关系:

税负率=(毛利额+不可抵扣税的成本)÷收入×17%

税负率=(毛利率+不可抵扣税的成本÷收入)×17%

即：

税负率=(毛利率+不可抵扣税的成本占收入比例)×17%

税负率=[毛利率+(1-毛利率)×不可抵扣税的成本占总成本比例]×17%

毛利率=(税负率÷17%-不可抵扣税成本占总成本比例)÷

(1-不可抵扣税成本占总成本比例)

可抵扣增值税的规定细节较多,期间费用可抵扣的增值税专用发票非常少,可暂时忽略不算。

解读加速折旧企业所得税政策与研发费用加计扣除政策

加速折旧与研发费用加计扣除政策是会计通过企业影响宏观经济的两个重要事项,也是政府宏观经济政策中难得的会涉及会计的部分。

有国际投行认为,私企的固定资产投资减少可能是中国经济失速的主因之一。这个观点,或许可以帮助我们理解国务院发布固定资产加速折旧政策的初衷。

2015年9月24日,国务院总理李克强主持召开国务院常务会议,称要用既利当前、更惠长远的改革办法,完善现行固定资产加速折旧政策,通过减轻税负,加快企业设备更新、科技研发创新,扩大制造业投资,促进大众创业。

此项政策表明,政府避免了采用直接刺激投资的方式,而是利用财政政策着力于结构性改善小微企业、先进行业的现金流,促进科研投入。这对于传统产业"破茧化蝶",增强经济发展后劲和活力,实现提质、增效、升级和持续稳定增长,具有重要意义。

定 义 政 策

固定资产折旧是指固定资产在使用过程中,逐渐损耗而消失的那部分价值。固定资产损耗的这部分价值,应当在固定资产的有效使用年限内进行分摊,形成折旧费用,计入各期成本。

加速折旧政策,是指按照税法规定准予采取缩短折旧年限、提高折旧率的政策。加速折旧政策下早期折旧金额大,应纳税所得额低,所得税相应就减少;后期折旧少,应纳税所得额高,所得税相应就增多。

虽然从固定资产的整个寿命期内来看,折旧总额不变,相应总税负未变,但加速折旧改变了所得税的时间分布,表现为纳税时间延迟,企业税负前轻后重,考虑到资金的时间成本,相当于财政为企业提供了一笔无息贷款,让企业前期有更宽裕的现金运用在经营成本上。事实上,这也是企业求之不得的。

可以说,加速折旧政策是国家结构性减税的一个组成部分,此政策改善了企业前期的流动资金,盘活了企业的现金流。

三 项 解 读

国务院常务会议确定的固定资产加速折旧政策具体为:

一是对所有行业企业2014年1月1日后新购进用于研发的仪器、设备,单位价值不超过100万元的,允许一次性计入当期成本费用在税前扣除;超过100万元的,可按60%比例缩短折旧年限,或采取双倍余额递减等方法加速折旧。

解读:加速折旧对企业所得税的影响主要在于由抵扣的时间差所造成的现金流的影响,总共抵扣的数额是相同的,但前期允许一次性抵扣或加速

扣除,就可以尽快回笼现金,加快企业设备更新的速度。这里需要注意的是,在会计核算上,企业可以继续按照固定资产的使用年限,采用直线法或加速折旧法计提折旧,可以与税收折旧政策不一致。所谓加速折旧政策对企业的利好,主要是作为税收优惠政策减少了税收利润,也就是应纳税所得额。

二是对所有行业企业持有的单位价值不超过5 000元的固定资产,允许一次性计入当期成本费用在税前扣除。

解读:由于现行会计准则没有规定固定资产的价值,仅给出了判断固定资产的特征和条件,所以,判断一项资产是不是固定资产的权利交给了企业,但企业为了省去纳税调整的麻烦,一般仍然按照单位价值2 000元的标准来执行。现在明确不管是什么企业,只要原值低于5 000元的固定资产,就可以执行税前扣除标准,相当于这些资产在会计上是作为固定资产进行管理,但在抵扣上是按照低值易耗品处理,可以一次性抵扣。

三是对生物药品制造业,专用设备制造业,铁路、船舶、航空航天和其他运输设备制造业,计算机、通信和其他电子设备制造业,仪器仪表制造业,信息传输、软件和信息技术服务业等行业企业,2014年1月1日后新购进的固定资产,允许按规定年限的60%缩短折旧年限,或采取双倍余额递减等加速折旧方法,促进扩大高技术产品进口。

解读:这是将加速折旧的利好政策进一步扩大到生物、计算机、信息服务等新兴产业,这意味着在改善企业的现金流的同时,政府更希望在稳增长的基础上对调结构进行引导,使企业尽早收回投资,更新固定资产,提升中国先进制造业产品在全球的竞争力。

加速折旧政策相当于一项税收优惠政策,加快了固定资产投资的现金回流,减轻了企业的现金流压力,使企业有动力更新投资,从而增强企业发展的后劲。据相关部门测算,加速折旧政策缓税金额为1 500亿～1 750亿元人民币,其中:对研发投入缓税约100亿元人民币,对5 000元以下小额固

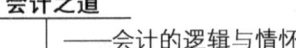

定资产缓税800亿~1 000亿元人民币,对六类行业缓税大约650亿元人民币。对国家而言,加速折旧政策意味着当期财政收入的减少;对企业而言,意味着能够实现延期纳税,使企业可以更大胆地投入研发,加快设备更新,推进技术改造,因为企业越是这样做,越能得到税收优惠。

必须强调的是,加速折旧政策本身并未实质性为企业总体减负,而只是将税负延后,企业应该在前期充分利用好这项政策,增加企业的生存能力、竞争能力,在后期税负较重的情况下,避免现金流出现恶化的情况。

对会计利润不产生明显的影响。此项政策出来之后,有人表达了此政策可能会引起企业当期利润下降的担忧,认为调整之后,企业当期成本增加,对企业的利润有不利影响。其实这种担忧是没有必要的,因为固定资产加速折旧更多的是从税务角度处理的,影响的是企业的"应纳税所得额",也就是所谓的"税收利润",对于会计利润不会产生明显的影响,因为在会计核算上,还是可以按照固定资产的使用年限来计提折旧的,当然也可以采用加速折旧法,但这是基于会计人员的职业判断,与具体的税收政策无关。

比如,根据相关测算,按照国务院最新的固定资产折旧加速政策,A股所有上市公司第一年预计总共节省的税收可以高达2 333亿元人民币,这将是2013年所有上市公司经营活动现金流总额的7.8%。其实,投资者不用担心这些上市公司的利润因此会变得难看,因为上市公司可以通过会计报表和税务报表采取不同的折旧处理方式。

可以说,在会计利润的核算上,中国的上市公司为了利润好看,很少有采用加速折旧法,上市公司仍然可以选择比较保守的折旧方法。这样,加速折旧政策主要影响的是企业税收利润,其结果是上市公司既享受税收优惠,会计利润又不会难看,还大大地改善了企业的现金流。

实施的意义

为什么在现有的经济背景下,中央政府要提出企业固定资产加速折旧政策呢?

首先,加速折旧政策是很高明的一步棋。它表明了政府不再简单地采取扩大货币供应和加大固定资产投资的方式,而是配套施以税收优惠等微刺激方式,约束财政增收的冲动,通过加速折旧政策的杠杆作用,实现了向企业"输血",企业将更积极地进行固定资产投资、更新技术设备,企业提质增效了,国家的经济也就提质增效了,这是中央推动企业固定资产加速折旧的根本目的所在,是推进经济结构调整和转型升级的又一个重要举措。

其次,加速折旧政策是定位精确的一步棋。对传统行业来说,只有研发设备的投资才能加速折旧,而扩大产能的投资是不能加速折旧的,这相当于鼓励传统行业加快技术升级、并逐步淘汰落后技术和过剩产能;对新兴行业而言,所有固定资产投资,不管是研发投资还是新增产能都可以加速折旧,提升了竞争力;对所有不超过5 000元的固定资产全部可以一次性抵扣,加大了这些产品的销售,并且惠及了众多小微企业。各行业的差异化的加速折旧政策是一步定位精确的妙棋,鼓励传统行业技术改造、鼓励新兴产业投资,从而推动和加快产业结构的升级、转型。

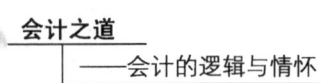

工资、奖金税几多

加班工资与年终奖是我们生活中的两大兴奋源,各种"隐形税"则是生活中无法躲避的。

加班工资与年终奖缴税知多少

笔者将以端午节加班为例,详细分析节假日的加班工资计算与年终奖缴税这两个我国大多数人都关心的问题。同时,结合实例分析生活中形形色色的"隐形税"。

加班工资标准

用人单位依法安排劳动者在标准工作时间以外工作的,应当按照下列标准支付加班工资:

(1) 在日标准工作时间以外延长工作时间的,应按照不低于小时工资基数的150%支付加班工资。

(2) 在休息日工作的,应当安排其同等时间的补休,不能安排补休的,按照不低于日或者小时工资基数的200%支付加班工资。

(3) 在法定节假日工作的,应当按照不低于日或者小时工资基数的

300%支付加班工资。

特别提示:

(1) 计算加班工资的基数:按劳动合同约定的劳动者本人的工资标准确定。

(2) 经批准实行不定时工作制的劳动者,用人单位可以不支付加班工资。

端午节3天假其实由两部分组成,即法定节假日和休息日。2016年6月9日是法定节假日,用人单位在此期间安排加班的,应按300%支付加班工资。6月10日和6月11日是休息日,在此期间安排加班的,如不能补休,按照200%支付加班工资。

假定你在北京工作,那么端午加班费是多少

加班费计算公式:

月加班费＝正常工作日加班费＋休息日加班费＋法定休息日

月加班费＝月工资基数÷21.75×150%×正常工作日的加班时间

＋月工资基数÷21.75×200%×休息日的加班时间

＋月工资基数÷21.75×300%×法定休息日的加班时间

假如你需要加班,你可以按照自己的月工资基数去计算应得的加班工资。

端午节放假3天全程加班,总加班费最低不得低于553元。

据悉,2016年,北京市最低工资标准1 720元/月,法定节假日的工资是平常日工资的3倍,而休息日的工资是平常日工资的2倍,而计算加班工资时,日工资按平均每月工作时间21.75天折算。

按上述加班工资计算方法,北京人法定假日每天的加班费最低为237元(1 720元/月÷21.75天×300%);休息日每天的加班费最低为158元

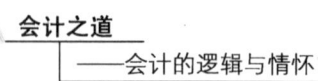

(1 720 元/月÷21.75 天×200%)。

如果你在 6 月 9 日加班的话,那你的最低加班工资为:237 元。

如果你在 6 月 10 日和 6 月 11 日都加班的话,那你的最低加班工资为:158 元+158 元=316 元。

如果 3 天都加班的话,那你的最低加班工资为:237+(158×2)=553(元)

也就是说,2016 年端午节加班,你能拿到的加班费最低为 553 元。

年终奖缴税那点事儿

国家税务总局在制定年终奖个人所得税(以下称个税)计提办法时出错了,在减速算扣除数时应按月乘以 12,也就是应该减 1 年的数,而编这个办法的人一念之差,采用了现在的算法——也就是本应按年算的年终奖,扣除速算扣除数时反而要按月算。这就导致了我们的年终奖个税要多缴的事实(注:本段文字的背景是 2015 年春节前)。

"天苍苍,野茫茫,天天都为工作忙;人茫茫,心凉凉,老板没发年终奖。"年终奖要交多少税?到手的年终奖会不会出现"多发少得"?年终奖分两次发会有什么问题?一次性发大量奖金会不会导致税金上升造成损失?

年终奖盲点:发 18 001 元比 18 000 元多纳税 1 155.1 元;发 54 001 元比 54 000 元多纳税 4 950.2 元;发 108 001 元比 108 000 元多纳税 4 950.25 元;发 420 001 元比 420 000 元多纳税 19 250.3 元;发 660 001 元比 660 000 元多纳税 30 250.35 元;发 960 001 元比 960 000 元多纳税 88 000.45 元。

那么,年终奖缴税是怎么算的?

拿钱交税,我们也要交得明明白白,先看看表 4-2,了解一些相关的参数:

第四章
大会计视野看财务、税收与民众福祉

表4-2 全年工资、年终奖最优分配表 单位:元

序号	预计年收入	全年一次性奖金		均衡月工资	
		全年一次性奖金	税率	均衡月工资	税率
1	(0, 42 000]	固定为0	不纳税	(0, 3 500]	不纳税
2	(42 000, 78 000]	[0, 18 000]	不纳税或3%	(3 500, 5 000]	3%
3	(78 000, 114 000]	固定为18 000	3%	(5 000, 8 000]	10%
4	(114 000, 125 550]	固定为18 000	3%	(8 000, 8 962.5]	20%
5	(125 550, 150 000]	(18 000, 54 000]	10%	(5 000, 8 000]	10%
6	(150 000, 204 000]	固定为54 000	10%	(8 000, 12 500]	20%
7	(204 000, 516 000]	固定为54 000	10%	(12 500, 38 500]	25%
8	(516 000, 561 000]	固定为54 000	10%	(38 500, 42 250]	30%
9	(516 000, 570 000]	固定为108 000	20%	(12 500, 38 500]	25%
10	(570 000, 669 000]	固定为108 000	20%	(38 500, 46 750]	30%
11	(669 000, 882 000]	(108 000, 420 000]	25%	(12 500, 38 500]	25%
12	(882 000, 1 122 000]	固定为420 000	25%	(38 500, 58 500]	30%
13	(1 122 000, 1 422 000]	固定为420 000	25%	(58 500, 83 500]	35%
14	(1 422 000, 1 494 500]	固定为420 000	25%	(83 500, 89 541.67]	45%
15	(1 494 500, 1 662 000]	固定为660 000	30%	(58 500, 83 500]	35%
16	(1 662 000, 1 964 500]	固定为660 000	30%	(83 500, 1 087 708]	45%
17	(1 964 500, +∞)	固定为660 000	30%	(1 087 708, +∞)	45%

年终奖计缴个税的三种方法

方法一:发放年终奖的当月工资高于3 500元时,年终奖扣税方式为:年终奖×税率－速算扣除数,税率是按年终奖÷12作为"应纳税所得额"对应的税率。

举例:小王的年终奖金为24 000元,当月工资为5 000元。以24 000除以12,其商数2 000对应的适用税率为10%,速算扣除数为105。

年终奖金应纳税额＝24 000×10%－105＝2 295(元)

当月工资、薪金所得应纳税额＝(5 000－3 500)×10%－105＝45(元)

小王当月共计应纳个税＝2 295＋45＝2 340(元)

方法二:当月工资低于3 500元时,年终奖个人所得税＝[年终奖－(3 500－月工资)]×税率－速算扣除数,税率是按年终奖－(3 500－月工资)除以12作为"应纳税所得额"对应的税率。

举例:小王的年终奖金为10 000元,当月工资为3 000元,则(10 000＋3 000)－3 500＝9 500(元),以9 500元除以12,其商数791.66元对应的适用税率为3%。

年终奖金应纳税额＝9 500×3%＝285(元)

当月工资所得由于低于3 500元的费用扣除标准,不再交纳个税。小王当月共计应纳个税285元。

方法三:年终奖金与双薪在同一个月内发放时,将所发的双薪与年终奖金合并除以12个月,找出对应税率,(双薪＋年终奖)÷12×税率－速算扣除数。

举例:小王的年终奖金和双薪在同一个月内发放,年终奖金为10 000元,年终发放双薪为3 000元,当月工资为3 000元,则(10 000＋3 000＋3 000)－3 500＝12 500(元),除以12,商数1 041.66元对应的适用税率为3%,速算扣除数为0。

年终奖金应纳税额＝12 500×3%＝375(元)

当月工资所得由于低于3 500元的费用扣除标准,不再交纳个税。小王当月共计应纳个税375元。

分批发的年终奖可以少缴税吗

发太多年终奖,缴税太高。那有的人就在想,公司如果多次分发年终奖,会不会少缴税呢?

你要是这样想可就错了,根据国家有关规定,在一个纳税年度内,对每一个纳税人,年终奖的计税办法只允许采用一次,其余情况下都要以个人所得税计税。此时不仅没有免税额度,税率也会大大提高,反而不如一次发放所有奖金。

宁少千元不超1元

那么,到底个税的临界点在哪里呢?

以员工当月工资收入超过3 500元免征额的情况为例。年终奖18 000元,折算成每月1 500元,适用税率3%,那么应该交个税＝18 000×3%＝540(元),实际得到年终奖＝18 000－540＝17 460(元)。

年终奖若是多发1元会怎样呢

年终奖18 001元,折算到每月就会超过1 500元,应该按照10%的税率算,那么应交1 695.1元(18 001×10%－105),实际得到年终奖16 305.9元(18 001－1 695.1)。少了1 640.1元(17 946－16 305.9)。

很明显,多发了1元年终奖,到手反而少了1 640.1元!

年终奖的避税区有多大

知道了多发1元多交1 000元的税,那年终奖的避税区域有多大呢?

笔者整理出了6个"避税区",如表4-3所示。

表 4-3　个人所得税年终奖的临界点　　　　　单位:元

全年一次性奖金收入	应纳税额	税后收入	备　注
18 000	540	17 460	临界点。适用3%税率的最大数
18 001	1 695.1	16 305.9	适用10%税率,税后收入减少
19 283.33	1 823.33	17 460	平衡点,与临界点税后放入一致,即18 001~19 283.33区间,税前收入虽然高于18 000,税后收入却低于17 460
19 300	1 825	17 475	税后收入增加
54 000	5 295	18 705	临界点。适用10%税率的最大数
54 001	10 245.2	43 755.8	适用20%税率,税后收入减少
60 187.5	11 482.5	48 705	平衡点,与临界点税后收入一致,即54 001~60 187.50区间,税前收入虽然高于54 000,税后收入却低于48 705
60 200	11 485	48 715	税后收入增加
108 000	21 045	86 955	临界点。适用20%税率的最大数
10 8001	2 599 525	82 005.75	适用25%税率,税后收入减少
114 600	27 645	86 955	平衡点,与临界点税后收入一致,即108 001~114 600区间,税前收入虽然高于108 000,税后收入却低于86 955
115 000	27 745	87 255	税后收入增加
420 000	103 995	316 005	临界点。适用25%税率的最大数
420 001	123 245.3	296 755.7	适用30%税率,税后收入减少
447 500	131 495	316 005	平衡点,与临界点税后收入一致,即420 001~447 500区间,税前收入虽然高于420 000,税后收入却低于316 005
447 501	131 495.3	316 005.7	税后收入增加
660 000	195 245	464 755	临界点,适用30%税率的最大数
660 001	225 495.35	434 505.65	适用35%税率,税后收入减少

(续表)

全年一次性奖金收入	应纳税额	税后收入	备注
706 538.46	241 783.46	464 755	平衡点，与临界点税后收入一致，即660 001～706 538.46区间，税前收入虽然高于660 000，税后收入却低于464 755
706 540	241 784	464 756	税后收入增加
960 000	330 495	629 505	临界点。适用35%税率的最大数
960 001	418 495.45	541 505.55	适用45%税率，税后收入减少
1 120 000	490 495	629 505	平衡点，与临界点税后收入一致，即960 001～1 120 000区间，税前收入虽然高于960 000，税后收入却低于629 505
1 120 001	490 495.45	629 505.55	税后收入增加

依据表4-3，我们不妨举个极端例子，假如年终奖是19 283.33元，税率肯定是按10%，实际交税是1 823.33元(19 283.33×10%－105)，那么实际到手的年终奖17 460元(19 283.33－1 823.33)，和年终奖18 000元实际到手的完全一样。

由此可见，年终奖在18 000～19 283.33元之间，实际到手的反而还不到17 460元，这样的区域我们叫它避税区。这样的避税区域一共有6个，如表4-3所示。

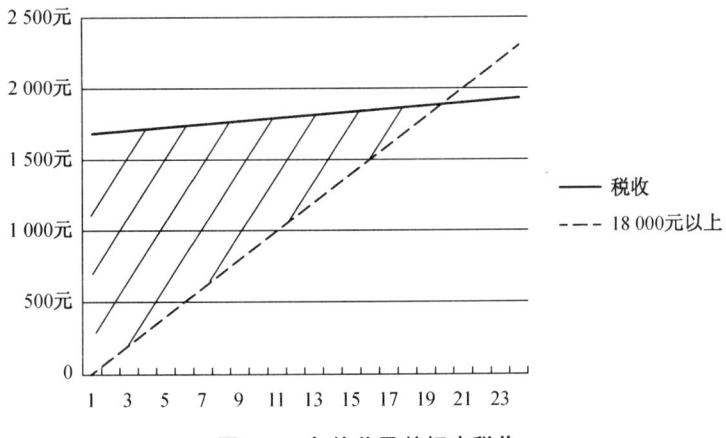

图4-3 年终奖及其相应税收

我们用图 4-3 更直观地来示意。

图 4-3 中,虚线表示 18 000 元以上的年终奖部分,实线表示税收。在虚实线形成的阴影三角区域,就是税收比 18 000 元以上的年终奖还要高的部分。这个三角区域其实就是我们要避税的部分。两线相交就是在年终奖 19 283.33 元时。

了解了以上情况,我们完全可以巧妙避过上述六个"避税区",只要让年终奖发得更科学一些,也就不会出现因为多发 1 元而多交上千元税收的情况了。六个避税区为:(18 001～19 283.33 元);(54 001～60 187.50 元);(108 001～114 600 元);(420 001～447 500 元);(660 001～706 538.46 元);(960 001～1 120 000 元)。

第五章 大会计视野看当下中国的企业生态

政府任何政策法规的制定,特别是税收法规的制定,都要考虑道德因素,应先符合天理,天理大于法律。税收的天理就是公平、便利和节省。形象地讲,政府征税,只可"取蛋",不可"杀鸡"。

小微企业融资难吗

小孩、小企业、小城市、小国家,"小"意味着某方面能力的不足,"小"意味着行事会有困难。小企业融资难不在于融资之难,症结在于"小"!

小微企业融资难的本质

网上有一篇重庆市某领导的题为《金融的本质就是三句话》的文章,在文中他对金融的总结确实非常精彩、非常到位。文中关于金融本质的三句话:"一是为有钱人理财,为缺钱人融资;二是信用、信用、信用,杠杆、杠杆、杠杆,风险、风险、风险,实际上就三个词'信用''杠杆''风险';三是金融不是单纯的卡拉OK、自拉自唱的行业,它是为实体经济服务的,金融如果不为实体经济服务,就没有灵魂,就是毫无意义的泡沫。"这种深入浅出的总结可谓字字千金,简直是拍案叫绝!

根据该文的论断,笔者结合金融的本质,谈谈小微企业融资的问题。现在不少专家都在呼吁政府要切实解决好小微企业"融资难"的问题,甚至斥责银行嫌贫爱富。其实,笔者认为,小微企业"融资难"是一个非常正常的事情,小微企业融资不难才是很不正常的事情,政府真想帮小微企业的话,先帮小微企业尽早实现盈利才是关键。

道理很简单,生活中,大家都知道不应该给小孩子太多钱,他们花钱的经验不足,偿债能力更不足。给他们太多钱,就是对他们的一种溺爱,这对他们的成长是很不利的。同样的道理,在小微企业没有学会赚钱之前,就是没有学会如何花钱,给这些小微企业贷款,最终可能是害了它们。小微企业融资难,其实是正常的实体经济发展的必然轨迹。客观地讲,如果银行为盲目地给小微企业放贷,风险很大。因为小微企业可能还没有发育、成形为"胎儿"就胎死腹中,这是客观现象。

我国的金融趋势,其实都有一个很显著的特性,就是政府的行政干预过强。通过政府的政策导向,很可能让小微企业"融资难"这个本来属于正常的事情,变成一个不正常的事情,最后矫枉过正,脱离了事物本来该有的特性。

如何解决小微企业融资难问题

小微企业要解决的不是融资难的问题,而是盈利难的问题!提升其内部造血能力,完善其造血系统,努力提高其盈利能力,才是解决融资难的根本途径。因此,政府要真正帮到小微企业,应该把最主要的精力放在如何帮助它们盈利上,让它们先学会生存,这才是最重要的。政府要创造一个更有利于小微企业健康成长的经济环境,通过提高政府补贴、降低税收等方式,帮助小微企业先实现盈利。小微企业盈利了,融资的难题自然就解决了。

其实不应该认为小微企业融资难是中国的难题,也不应该认为是全球性的难题,因为本来就应该是这样的,如同应该不给小孩子钱一样自然。小微企业需要的是减税、减税、再减税,以及公平的市场机会和简单的政商逻辑。

笔者这么讲并不是说要对小微企业贷款一棍子打死,不是这样的。笔者只是想说明一个问题,就是小微企业融资难是正常的。因为银行如果要

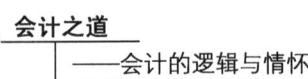

贷款给一家小微企业,肯定要考察其盈利能力、现金流量,考察其管理层是否具备相应的管理能力,考察其抵押物是否符合条件,但绝大部分的小微企业都是不符合这些贷款条件的。笔者认为,对于符合贷款条件的极小部分的小微企业,政府才有必要鼓励银行对其进行贷款支持。

在小微企业这个领域,其实并不适合债权的大面积介入。因为银行对于任何超越收益以外的风险,都天然选择规避,这是金融固有的逻辑。银行从来都是锦上添花,不会雪中送炭,这真不应该被指责。银行选择的风险对价是利息收益,雪中送炭的风险很大,但带来的收益却相当有限,银行必然是规避的。雪中送炭该由谁来做呢?让股权机构去做吧,因为风险很大,收益也同样很大。不同类型的金融机构,其投融资政策也是不一样的,"让凯撒的归凯撒,让上帝的归上帝",在小微企业融资领域,让带有风险投资性质的股权融资去起主导作用吧!

企业主与打工者的关系

——从给逸民表弟的一封信说起

2016年财政部部长楼继伟在中国经济50人论坛上演讲的主题是《关于提高劳动力市场灵活性和全要素生产率》。楼继伟对《劳动合同法》提出批评,认为现行的《劳动合同法》存在问题,对企业保护不足。

百姓打工谋生难,难在钱少事多负担重;企业主何尝不是如此呢?打工者是一家之主,企业主是一企之主。打工者要养家糊口,企业主要养企求生。

笔者先展示曾经给自己的表弟逸民的一封信,阐述笔者对《劳动合同法》的几点看法,然后从剩余价值理论的角度谈谈企业主与打工者的关系。附录部分是笔者在火车上与一位小企业主的谈话。

给逸民表弟的一封信——兼谈《劳动合同法》之弊端

逸民表弟:

近好!

听我母亲讲,你正在与一家手机销售商打劳动纠纷的官司,你要我母亲请我给你出出主意。我怕电话中与你讲不清楚,因此,现在给你写封信表明

我的态度。一是我不会给你出主意;二是我不能给你出主意;三是我希望你无条件停止这场打官司的行为,并立即给你的雇主赔礼道歉。至于你所遭受的所谓的"损失",我全部承担下来,不就4 000来块钱吗?我还出得起,我全额补给你。

为什么我要你这么做,因为我希望你有一个正确的职场人生观。钱不是靠打官司打来的,是靠自己挣来的。可以说,绝大多数企业主都希望自己的员工赚得越多越好,员工赚得多,他才赚得多,这是企业良性发展的表现。员工赚不到钱,企业可能处于经营困境了,在这种情况下,作为一名有良知的员工,应该与老板同心同德,一起改善企业的这种不利局面,而不是因为自己的工资没有发放或未及时发放而与企业主闹上法庭、对簿公堂。

我承认现在的《劳动合同法》是非常有利于你的,我也承认只要你坚持将官司打下去,你肯定会赢。但是,你赢得了这场官司,却输掉了自己的道义。这样的员工,至少在我的眼里不是好员工。其实,执行《劳动合同法》短期内对小企业来说会加重负担。为什么这么讲?因为对于大中型国有企业来说,由于其处于垄断地位,其员工待遇很好,大家也是挤破脑袋想进去的,它们基本用不上《劳动合同法》,对于成规模、成建制的民营企业,情况也差不多。但对于小企业,特别是初创企业,由于其处于企业发展初期,其商业模式、老板的管理经验都不成熟,难免会出现经营困难甚至倒闭的情况,对于这些小企业主,他们承受的风险最大,他们失败了,就真正是一无所有了。

我这么讲,并不是说你作为劳动者的权益不需要被保护,权益当然要保护了,不止《劳动合同法》,宪法都在呢!但我们能不能将心比心,换个角度看问题,企业主的风险其实最大,他交了税又提供了就业岗位,但万一企业倒闭了,谁又会来保障他们的权益呢?企业好的时候,加工资、发年货、送红包,企业不好时,没有这些了,难道就要跑,难道就要告?你心里不痛快就可以拍屁股走人,甚至还可以告老板,但你想过没有,老板还得苦苦坚持,他们

的痛苦有谁知道,被谁理解呢!

我给你举个例子吧,那就是前几天的事,我遇到的一个小企业主,他对我说,现在他不开工厂了,再也不用交税,再也不用担心工商、税务,再也不害怕"刁民"了。其实,这部《劳动合同法》在一定时期内让创业更难,也让你们这些人就业更难了。别告了,有本事,你就争取去中移动、中石油、中石化这些企业,在那里你可能基本上不需用《劳动合同法》。

可以这样说,这部《劳动合同法》在一定时期内阻碍了中国经济中最活跃的部分——民营小企业的发展,因为办企业的风险大大增加了,如果企业倒闭了,你们这些劳动者又到哪里去讨要工资,和谁去签订劳动合同呢?皮之不存,毛将焉附?但是《劳动合同法》某种程度上也是在促使民营企业早日转型升级。

退一步讲,没有一个老板愿意和替自己创造价值的员工为敌,对于这些员工,企业家爱都来不及呢。你现在的情况是2个多月内没给人家销售出去一台手机,如果企业将你作为资产来核算,你就是负资产,你不是在创造价值,你是在制造费用!老板已经按照最低工资标准给你报酬了,可以说已经仁至义尽了。你真的应该感谢这样的老板,而不应该去告他。你千万不要将《劳动法合同》作为懒惰、无能的护身符。

判断一个政策的好坏,不光要看它的目的高尚不高尚,而是要看它的效果。我不否认《劳动合同法》的目的是保护劳动者的利益,但我想说,其实它的短期效果可能是损害像你这样的需要不断寻找工作的普通劳动者的,因为它减少了就业机会。

逸民,我给你写这封信的语气可能不像生活中那么温和,请你多点理解,我全是为了让你听进去!最后,希望你放弃起诉你的老板!

致礼!

你的表哥:靖昊

企业主与打工者

企业主和打工者是一个创造价值的共同体,打工者以获取工资形式参与了利润分配。而企业家则雇佣打工者一起创造价值,获取利润。企业家的伟大之处在于,他敢于在获取利润前就利用资本雇佣打工者,这就意味着他必须在产品销售之前先行购买劳动力。打工者在分配中没有什么风险,但企业家只有在产品销售后有盈利时才能得到分配的利润,如果亏得坚持不住了就要倒闭,这跟剥削没有什么关系。

其实,劳动力也是商品,只有价值,没有剩余价值——如果卖便宜了,你可以想办法卖贵点。如果其他生产要素毫无价值,那为什么工人要甘心接受资本家的剥削呢?他们完全可以单凭自己那唯一有价值的"劳动"去完成生产过程,去占据所有的"剩余价值"。工人为什么愿意进入企业,而不是独自劳动?是因为市场交易本身存在着成本,这些成本让交易得以实现,而这些成本是资本家付出的。

只有发展生产力,才是人类解放的根基,而不是打倒企业家。这个说法通过会计理论也能加以说明。会计要将利润分配扩展为分配职工工资、所得税以及老板利润,其中前两者的优先级超过后者,由此看出,其实很多时候企业家才是冤大头!

附

与一位小企业主的谈话

前几天,我在赴郑州的火车上遇到一位做生意的小企业主,他是去郑州讨债的,一家企业拖欠了他近100万元的货款。以往在火车上,我没怎么聊过天,通常是一路看书,但这位老兄是位老北京,非常健谈,一个话题接着一个话题,出于礼貌,我还是放下了书本,认真倾听并积极回应他说的话。

第五章
大会计视野看当下中国的企业生态

一

他说,目前生意越来越难做了,想再坚持几年就放弃,踏踏实实地过几年清闲日子。我说:你是我们这个时代最可爱的人,第一,自己创业后,不增加国家的负担;第二,不但国家不需要管你了,而且你还能为国家排忧解难,提供就业岗位;第三,不管你亏损还是盈利,你都在为国家作贡献,只要你生意开张,就一定要为国家交纳税款。你真的是我们这个时代的活雷锋,最可爱的人!

他听完后,感动得快要哭了!

二

他说,现在管理小企业越来越难,员工的责任心远不如从前,一不如意,说走就走。我说:员工才是你真正的老板,你得先伺候好他们,否则,他们撅起屁股走人,留下你在那里干瞪眼。另外,这么多年来,表面上你好像一直在做老板,其实你才是真正受累的,你有时间陪陪家人吗?你有时间去看看外面的世界放松下自己吗?你有过节假日吗?你正常下过班吗?你除了你的企业还有其他生活吗?我说的这些,希望没打击到你,我知道你最懂的。

这次他听完后,抹了一把眼睛,估计是要掉眼泪了。不过男人嘛,我懂,在外面,有泪也要让它们先逼回去!

三

他说,我财务懂点皮毛,你能不能告诉我,如何通过看客户企业的报表判断这笔买卖能不能做。我说:由于你没怎么学过财务,可以先看看客户的应付账款项目,如果余额总是比较大,就要注意这家企业的信用了,可能它就是一个"老拖"。另外,也要看看它的应收账款项目,如果余额也是比较大,就要注意这家企业的产品可能竞争力不够,靠的是赊销,它未来盈利的前景可能不乐观。最后,再看看银行存款,看看账上到底有没有钱、有多少钱。至于这家企业的利润表,看看它的收入规模就可以了。小企业一般不编现金流量表,你就不用看了。

他听完后,久久握住我的手,说:"兄弟,回北京后,一定到我公司来看看。"我说:"你不请我吃饭,我就去,我知道,你们这些小企业主都不容易啊!"

刘强东的绝招

——负毛利率盈利法

物极必反,否极泰来等中国传统哲学反映了事物发展的两面性,会计指标的运用也存在这种逆转的效应。电商企业之间的竞争日趋白热化,生存之道各不相同,以下将分析京东的会计谋生之法。

京东的生钱之法

毛利率为负也可以实现盈利吗?是的!

在现金循环周期为负的情况下,毛利率为负数的企业确实有可能盈利。现金循环周期计算公式为:现金循环周期=存货周转天数+应收账款周转天数－应付账款周转天数=生产经营周期－应付账款平均付款期。现金循环周期为负,说明企业依赖其所掌握的卖场资源,在与供应商的谈判中形成压倒性优势,相当于它不用投钱,靠供货商的钱就可以运营,而且应付账款是无需支付利息的负债。只要企业通过手中捏着的大笔应付给供货商的现金赚取的利润高于销售的亏损,就可以盈利。比如,企业的毛利率为－10%,销售亏了1亿元,但可以利用未支付的现金赚2亿元。

目前来看,京东是最有可能采用这个神奇的财务戏法去打败竞争对手的企业。它最有胆量将销售毛利率变为负数,这是一把无敌的杀器!跟这样的对手竞争的结果是很惨烈的,就像和使用七伤拳的对手打架一样,眼见对方不断掉血,但最后死的人却是自己……

未来刘强东很有可能超过马云,谁知道呢?如果京东能将自营这一块的毛利率保持在10%不亏本,那么品牌商在天猫开店还不如直接把东西交给京东去卖更赚钱,因为在天猫开个店要交5%佣金,其他诸如广告费、物流、年费、运营费用等,怎么说也要超过10个点,加上京东正品的保障,相比较于京东,天猫是没有竞争力的,这也是刘强东非得投大力气自建物流搞自营的原因所在!

不了解京东策略的人,是看不懂它目前的低毛利率加上微利甚至亏损的策略的。再过几年,等到京东挥舞的低毛利率大棒将竞争对手全部"打趴下"后,只要提高一点点毛利率就可以确保利润年年增长。再说它还可以利用占用供应商货款的档期,通过供应链金融等手段,让钱生钱。仅在2013年,京东供应链金融就为京东贡献了3.44亿元的收入,不过,它的成本却只有0.08亿元,毛利率高达97.67%。随着京保贝、京东白条、网银钱包、金融平台陆续上线,京东金融集团业形成了供应链金融、消费金融、网银在线、平台业务四个板块。因此,刘强东甚至放言,京东10年后70%的净利润将来自金融业务。

王 道 现 金 流

现金流本身,是可以产生利润的!

其实,对于类似京东这种电子商务企业,相对于现金流而言,利润算什么呢?去年京东的营业收入1 150亿元,延迟3个月还款,手里就是287.5亿现金流!这意味着就算每年亏损200亿元,它的账上还有87.5亿元(287.5—200)的现金。甚至可以说,做企业,只要有现金流,亏损了也没关系! 赔钱的企业只要有现金流,就可以不断地运转下去;而赚钱的企业没有了现金流,就会立马死掉!

专家们分析京东的利润质量,喜欢批驳京东盈利能力不强。其实,只要它的现金流很强就行了,至于利润,等到它将对手击败后,这还是个事吗?

企业缺乏现金流,如同近身搏斗时男人被人抓住了档部,那是致命软肋,再有力量也使不出,也撑不了多久。搏斗时要想不被人抓住档部,那就一定要护住自己的致命软肋,保证自己拥有足够的现金流。

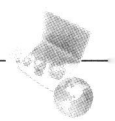

某大牌明星的天价估值[①]

近些年,影视文化产业在我国发展迅猛,娱乐明星的片酬、代言费更是天价频出,明星经营的企业有其特殊性,本例就是一个经典案例。

某大牌明星的一家成立时间不足 1 年、注册资本仅 300 万元的名叫 ABC 的公司,摇身一变溢价逾 8 亿元。

笔者没有认真看过一集该明星的电视剧,也就不好意思对其评价"演技"了,不过,咱是搞财务的,对其"财技"是要品头论足一番的。

2015 年×月×日晚间,该影视公司公告称,正在筹划以现金方式收购 ABC 公司 51% 股份的事宜。根据重大资产重组相关规定,可以初步预估,成立半年不到的 ABC 公司估值将超过 8 亿元,而参照估值判断,该明星通过此次交易至少入手 4.35 亿元现金。

该影视公司不可能无缘无故给该明星几个亿吧?该影视公司给该明星 4 亿多的现金,这些钱该明星绝不是白拿的,她必须承诺 ABC 公司的 2016—2018 年业绩预期,否则就要进行补偿。按照此类收购的对赌条款,按 PE15 倍预估,该明星 1 年至少得承诺近 3 000 万元的利润,否则,肯定是要

[①] 本文根据真实案例改编而来。

用现金加倍补偿,以锁定 4.35 亿元的估值。其实,该影视公司与该明星是如何敲定具体细节的,笔者并不知情,只能大胆揣测。

为什么该明星吸金这么猛?靠片酬是永远不可能的,必须有"魔术"。该明星高就高在将自己很大一部分的个人收入转变为公司利润,利润再通过借壳在资本市场上立即被市盈率放大 N 多倍,如果 PE 为 15 倍,马上就将 2015 年才能挣到的钱落袋为安,先装进兜再说,管它以后"洪水滔天"。

那么该影视公司为什么要这么做?在此情况下,绑定该明星后,本来的成本不仅不再是成本,而且变成了收入,这一进一出,亏了也能转为盈利,盈利了就变成赚疯了,公司的股价自然就要上去,公司的估值就更高了。另外,该明星的商业价值不言而喻,通过绑定该明星,充分发挥明星 IP 效应,不但能够提高公司的竞争力,同时,也会提高公司的整体估值。至于公司估值的"提高",是不会虚增二级市场泡沫不得而知。不过,其最终结果是收购款这些"羊毛"出在公司身上,由散户来买单。

笔者说"由散户这些来买单"是一件挺伤感情的事情。那为什么呢?在说清楚这个问题之前,我先给大家讲讲商誉吧。

所谓商誉指的是,在并购过程中,并购者为被并购企业的公允价值多付出的成本,或者说是收购溢价。在这里,该影视公司大手笔收购该明星,按照估计,公司账面商誉将高达 4 亿多元,该商誉不作摊销处理,但需要在未来每个会计年末进行减值测试。

按道理,PE 为多少,就应该绑定多少年,但实际操作中,业绩绑定一般为 3 年,我有理由相信,在业绩对赌期限内,ABC 公司会如约履诺,满足业绩标准,至于过了补偿期的 3 年后,业绩到底会如何?天知道!真是要凭该明星的良心了。若 ABC 公司未来经营收益不达预期,那么收购所形成的商誉将会有减值风险,就要提取减值准备,从而减少上市公司的利润,甚至导致其经营亏损。

现在给大伙回答前面提出的问题,在商誉水平快速上升之时(讲并购故事阶段),股价表现上佳,这时候散户买入了该影视公司的股票,只要知道及时卖出,就能挣到钱;等到在商誉减值之时,股价一般表现不佳,这时候买入或者没有卖出的散户就会亏损。

到目前为止,笔者仍然不能说该影视公司收购的明星是劣质资产,但我们是不是应该小心那些以业绩对赌为"画皮"掩盖劣质资产的高溢价并购?

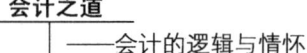

经济下行未必伴随大规模失业

——会计视角的解释

当前,我国经济已步入新常态,总体出现下行趋势,多数行业并不景气。有人问为什么目前经济下行,甚至是朝着经济危机的方向奔,而且出现大规模的失业呢?

这确实是个好问题!以下将从会计的视角对这一现象作适当解释。

失业相对于其他经济指标的变化,有一个相对较长的滞后期,因为在企业投资完成后,维持企业生产经营的首要的费用开支是原材料、燃料、动力和工资以及基本的管理费用,在此之上才有收回投资的折旧、国家收取的税费、银行收取的利息以及最后归于企业主的利润。

当企业的产品和服务面临市场销售困难的时候,具体表现为产品毛利低甚至为负,表现为企业牺牲掉了利润,甚至付不起利息,当然税收也会因此受到挤压;不过,有一个现象必须引起注意,就是企业哪怕没有钱购买原材料,甚至最后连折旧都不计提,都要确保工资的发放。因为一旦企业发不出工资的话,想必企业主也破产了,职工必然出走,甚至引发劳资纠纷,企业也就关门大吉了。

现在的员工很难体谅企业主的难处,不要说没有与企业同进退、共患难

的精神,要是工资没有按时发放,就可能引发一场管理上的混乱,因此,为了让企业不关门,哪怕是拆东墙补西墙,到处是现金缺口,企业主都要力保工资按时发放。

为什么笔者一直认为没有必要规定最低工资制度呢?不是笔者不同情广大劳动人民,实际上,笔者也属于广大劳动人民中的一员,因为规定最低工资标准虽然能保障低收入劳动者及其家庭成员的基本生活,但在一定的程度上也会导致利润率低的企业裁员从而加大失业,到时候连工资都没了,更别提最低工资标准了!记得新西兰曾经有工人游行,就是反对最低工资保障的规定,因为他们明白,这个规定严重影响了他们的就业机会。

经济下行,不是不会引发大规模失业,而是时候未到。

这里引用国家统计局公布的《2012中国经济投入产出表》中的一些数据进行分析,在2012年的工业总产出中,工业增加值占了20%,在这20个百分点中,工资大约占10个百分点,企业盈利占5个百分点,税收占3个百分点,折旧占2个百分点。而自2012—2015年9月PPI持续43个月的下行中,累计下跌了10%,即已经跌掉了工业增加值的一半,由于工资发放具有很强的刚性,所以来自工业的税收与利润的增长均会为负,利润增长-1.9%,增值税增长-3.5%,企业所得税增长-4.4%,如果市场需求继续萎缩迫使PPI下行趋势不改,再跌就要伤及工资的发放能力了,届时就会出现大规模失业了。

还必须指出,企业面临市场销售不畅时,企业只要还有可供抵押的资产,就会从银行贷款以维持现行生产,贷款来的钱,如果未能扭转局面,最终就会被迫拿出来发工资,现在东北地区有不少企业在用贷款发工资就是明证。一旦企业已经无资产可以继续抵押借款,就会因发不出工资而破产倒闭。

这里再引用一位企业家描述面临经济危机时的心态变化,就是:危机的第一阶段是床底下藏着钱打麻将,等待经济回暖;第二阶段是现金储备消耗完了,就开始用资产抵押借款熬冬天;第三阶段是资产抵押完了,从银行借不到钱就凭企业和个人信用从朋友和高利贷那里借;到第四阶段不用说就是停产倒闭了。我们应时刻对照、警惕,及时帮助企业扭亏为盈,阻止经济进入第四阶段。

第六章 大会计视野看宏观经济

我们的祖先在 2 000 多年前就已经实践过,我国历朝历代的经验已经告诉我们,只要轻徭薄赋,经济就能发展,社会就会和谐,人民就会幸福。

房子、房价与当前经济

安得广厦千万间,大庇天下寒士俱欢颜?

一场灾难:房子成了金融产品

在房地产市场日益火爆的这两年,经过某些平台的运作,房子甚至已经成为一种金融产品。房子必须限购,必须阻止投机倒把,必须阻止囤积居奇,还房子用来居住的本来面目。深圳房价收入比高达28倍,属于全世界最高,有的腾讯、华为员工都买不起房,不能不说这是一场灾难。

1994年分税制后,地方政府普遍缺钱,只有靠卖地维持财政收支平衡,分税制导致了土地财政,土地财政导致了高房价。因为房子属于刚需品,老百姓只能承受高房价带来的痛苦,所以一套房子往往要耗掉他们一家三代的财富积累。在这样的背景下,房子也被部分有钱人"囤积居奇"从而沦为金融产品,成为了进一步搜刮财富的机器。

怎么判断房子已经沦为金融产品呢?

第一,房子失去了自己的使用价值。从本质上说房子只有居住或出租两个功能,但现在一线城市的有些房子早就是一种金融产品了,投机客们只问买入、卖出收益,有谁会谈论它的使用价值呢?这样,真正需要住房的老百姓就成了这种"金融产品"的受害者了。

金融产品是用钱来挣钱的,房子沦为金融产品实际上以房子为道具,用钱挣钱。这样,必然要让房子的价格涨起来才有机会,这就是为什么房价中包含了大量泡沫的原因。

那么,目前中国房价中的泡沫到底有多少?

房价泡沫计算公式:房价泡沫=1-正常房价收入比÷该地区房价收入比。国际标准的房价收入比小于 6 年,在这里,我给中国正常房价收入比取值 6 年,而 2015 年一线城市的房价收入比保守估计平均至少 20 年,因此,房价泡沫计算为:1-6÷20,可得出中国房价泡沫高达 70%。也就是说,总市值 1 000 万元的住房,合理价约 300 万元,泡沫约 700 万元。当然,国外的计算方法未必适合我国。

房价泡沫不仅极大地扭曲了产业结构,打击了企业家精神,加剧了收入差距和贫富分化,还导致全民不想干实业,都想玩脱实向虚的游戏。

第二,投机客能够轻而易举凭借高杠杆从事房产投机。不仅从事房产交易可以大规模使用杠杆,房产还可用来抵押融资,当前市场还衍生出做市商模式,一些房产中介竟然成了房产金融平台。金融产品的核心是信用制造和杠杆交易,金融投机无不大肆运用金融杠杆,投机客能够轻而易举凭借高杠杆从事房产投机,如果首付 2 成,那么相当于使用了 5 倍杠杆。如果全部 0 首付,在不考虑其他税费的情况下,意味着可以买下整个城市或者整个国家。笔者认为,对于房产投资客,必须停止其使用一切形式的金融杠杆,否则,乾坤颠倒,房子就不再是房子了,而成了一种十足的金融产品。

要还房子的本来面目,去满足真实的住房需求。政府在去库存过程中,对炒房的现象不能再坐视不管。房产与粮食一样,属于民生需求,政府有责任让老百姓买得起,未来一定要去房产的金融属性。

经济问题也是社会问题,只要我们凭良知、从常识出发,都能看清楚问题所在,但要解决问题,政府要从人民的立场出发,为人民改革,就能找到最佳方法。

早就有人说过,中国的高房价毁灭了年轻人的爱情,也毁灭了年轻人的想象力。他们本可以吟诵诗歌、结伴旅行、开读书会。但现在,年轻人大学一毕业就成为中年人,为了柴米油盐精打细算。他们的生活,从一开始就是物质的、世故的,而不能体验一段浪漫的人生,一种面向心灵的生活方式。

经济不能再泡沫化,房价就不能再泡沫化,房子就不能再金融化!

让房子成为人类遮风避雨的地方吧!别让它再充当金融产品了,让年轻人通过诚实劳动都买得起房子!

房价若降,谁会不高兴

朋友买了一只鹦鹉和一只笼子,我问他分别多少钱。他说,鹦鹉60元,笼子200元。我听了他的回答后说,这笼子比鹦鹉还贵啊?没想到,这只该死的鹦鹉居然抢着回答说:"难道你认为你会比现在的房价贵吗?"

连这只学说人话的鹦鹉都觉得房价高了!普通老百姓都盼着房价能够降下来,让自己能够买得起房。这让笔者想起了杜甫的"安得广厦千万间,大庇天下寒士俱欢颜",但这只是一个梦想,现实还是与梦想差别太大。

房价上涨的根本原因,笔者认为主要有两条:

第一,1993年分税制改革,本质上是要解决两个指标的权重问题:财政收入与GDP的比重,中央财政收入与地方财政收入的比重。其结果是地方财政收入的一半以上要上交中央,剩下的,要发展经济,地方财力严重不足,因此,土地财政应势而生,为房价高涨打下了成本基础。

第二,这些年M2增长过快。2000年广义货币M2余额为12万亿元。2015年9月末,M2余额高达135.98万亿元,15年内,增长约11倍。大量货币放出时,为房价高涨打下了流动性的货币基础。

有这两条,足够让房价飞了。

房价易升难降。如果房价下降,地方政府可能会不高兴,怕影响财政收入;商业银行可能会不高兴,怕坏账丛生;中央银行可能会不高兴,怕通货膨胀;有房者可能会不高兴,怕财富贬值;少数贪官可能会不高兴,怕收益降低。

地方政府可能会不高兴,怕影响财政收入。高房价给地方政府带来了丰厚的土地出让金收入,同时又给各级财政带来了巨额的税收收入。据可靠估算,房价中约有70%是以土地出让金和税费的形式交给了地方政府,使地方政府与房地产业之间形成一种难以割舍的利益输送关系,形成了发展地方经济,就必须发展房地产这样一种混乱逻辑。如果房价大幅下降,大批房地产公司将倒闭,将严重影响财政收入的增长,在财政支出未有效削减的情况下,地方政府承受不起。

商业银行会不高兴,怕坏账丛生。房地产业拿走了银行对企业贷款总额的约42%,等于房地产业将银行绑架了。高收益使银行可以承担高利率,高利率又给银行业带来了高收益,如果房价大幅下跌,大批房地产企业会还不上贷款甚至倒闭,银行不但没有了高收益,而且还将出现大面积坏账的风险,再加上个人房产价值低于银行贷款时,又将导致个人停止归还按揭贷款,这会进一步加剧银行坏账风险,必将导致社会动荡,风险太大。

中央银行可能会不高兴,怕通货膨胀。笔者一直在思考中国M2早已突破100万亿元大关,为什么没发生严重的通货膨胀呢?笔者认为主要原因是房价高涨,通过房子的高通货膨胀率,让钢筋混凝土锁住一批M2,老百姓没钱可花了,才能降低除房子之外的其他商品的通货膨胀率。

选择了房子作为一个盾牌,可以囤积大量超发的货币。自从房地产业凝结了老百姓大量的货币以来,我国通货膨胀就表现为"结构性物价上涨",具体为:房产呈现恶性通货膨胀状态,而其他物品表现为温和小幅通货膨胀状态,如具有代表性的猪肉,这些年涨来跌去,其实最终也没涨多少。

有房者会不高兴,怕财富贬值。如果房价下来了,很多贷款买房的老百

姓的房子价值立马低于要偿还的房贷额,家庭资产会大幅度缩水,这部分老百姓就成了"负翁",要么长期背上沉重的财务负担,要么弃房不再还贷。虽然房价涨涨不休,对已经贷款买房的老百姓来说房价涨跌对其在经济实质上毫无关系,因为他们永远不会拿房子去变现,但如果房价大跌,却会让他们虚幻的财富梦破灭!

某些贪官会不高兴,怕收益降低。对某些贪官来说,高房价带来高收益。在拿地环节,存在大量的灰色寻租地带,使开发商敢于也能够拿出巨额资金贿赂各级官员。事实证明,与房地产业有关的政府部门已成为腐败的重灾区。

笔者认为,房子与粮食一样是关系民生的商品,特别是房子在含有大量泡沫时具有金融属性,是不应该允许炒房的,不然,就更不公平了,没钱的老百姓在吹泡泡时不可能吹得过有钱的人。

为什么房子盖多了房价却不断上升

对于房产去库存,各地政府压力山大,可是目前却存在一种奇怪的现象,房产要去库存,说明房子盖多了,按照经济学供需原理即供过于求,房价自然应该降才对,可是,放眼一看,全中国的房子都涨到"发烧"。

这是为什么呢?

对老百姓而言,房子属于一种高度无弹性的商品,老百姓没饭吃,还可以吃地瓜、土豆填充肚皮,如果没有房子住,难道能住桥底下吗?

对于高度无弹性的东西的需求,是一种刚需,其需求量变动的百分比会大大小于价格变动的百分比,正如糖尿病患者不能因胰岛素价格上涨而减少使用一样,房子也是老百姓的一种刚需,在价格上根本就没有什么讨价还价的余地,涨价对于地产商而言,意味着可以带来更多的营收和利润,对于炒房者来说,意味着倒手后可以得到更多的差价收入,何乐而不为呢?

目前,从房价对收入比、房价对租金比来看,房价不但高,而且已经高得太离谱了。尽管所有的人都明白房子已经成为一种高度泡沫化的资产,但真的没有人会担心没有韭菜来充当"接盘侠"。

笔者认为,对于房子这种高度无弹性,并且又属于民生领域的产品而言,政府不应放弃保障住房供给的公共职能,将房子交由市场去折腾,其结果就是折腾老百姓。政府只有重新负起给老百姓提供"经济适用房"的责任,房价才能降下去。

不仅开发商为争取利润最大化而不愿意降价。银行与开发商像是一根绳子上的两只蚂蚱,房价下降,银行收贷困难,不良贷款率会上升,如果房价大跌,可能引发系统性金融风险,能不降准、降息甚至不惜加杠杆吗?至于地方政府,由于分税制没有给地方留足发展资金,支持房地产,不但GDP会好看,而且也会有巨额土地出让金进账,税收也多,地方政府是房价上涨的最大受益者,怎么可能坐视房价下跌呢?能不放宽首付甚至降低点税收吗?

因此,从长期来看,只要现行的住房产业化政策不改变,房价会一直涨下去。如果房价发生往下跌的波动,已经无需赘言了,各种力量、各种措施一定会重新托起房价的"红太阳",想等待某一天可能出现一个看似微小或者遥远的蝴蝶事件来引发泡沫崩破,基本不大可能!

房价疯涨,经济怎么办

2015年年末,中央接连出招:首套房首付下调至2成,公积金利率提升,契税、营业税下调,鼓励居民购买二套房,降准、降息。中央级别政策齐上阵,接下来政策由中央逐步向地方转移,各地根据自身状况再进行调整,而地方版本政策可能力度更大。

这些政策的接连出台,导致目前一线城市房价全面暴涨,笔者认为,房价再这样涨下去,中国经济很危险:①高房价严重损害了企业家精神,谁创业,谁就是傻子,创业不如炒房;②在房地产上继续加杠杆,只会不断推高系统性金融风险;③自从2003年中央18号文出台,房地产就走上了不归路,本该由政府通过经济适用房来解决住房的老百姓全都成了房奴,搭上几代人的积累,用消费刺激经济就成了幻影!

任志强曾夸口说,2003年中央18号文就是在他的主导下起草完成的,如果真是这样,就是典型的权力与市场"交媾"。

1998年有个23号文件明确80%老百姓的住房应由政府提供经济适用房解决,后来18号文全部颠倒过来,18号文规定"多数家庭购买或承租普通商品住房",目前只有不到10%的经济适用房,这一规定就是房地产开发商的阴谋,因为政府放弃了自己保障住房供给的公共职能,大力推行住房产业化。相应地,从此各级政府财政收入开始稳步甚至加速增长,其中土地出让金和各种房地产税费贡献巨大。

如果房价不断地涨下去,笔者可以断言,中央银行得不断地实施量化宽松的货币政策:①开动马力印钞票,扩大基础性货币的发行量;②不断降准,加大货币乘数效应,扩大M2的数额,也就是流动性更泛滥;③继续降息,趋向0利率。

对于房子这种属于民生领域的东西,不能完全交给市场去解决!市场可以解决效率,但永远不能解决公平!而房子这种关乎老百姓切身利益的民生产品,不能至少不能完全交给市场去解决,房子的需求基本上没有什么弹性,这就导致购买方基本上没有谈判能力,就好像人不能不吃饭一样。

去库存之利剑——"房贷利息抵个税"

笔者认为,对于习主席提出的房地产去库存问题,解决的利剑就是"房贷利息抵个税"。所谓"房贷利息抵个税",一般而言,是指在计征个人所得税时,将房贷所产生的利息作为税前减除项扣除,对扣除后的收入部分征个人所得税。一旦房贷产生的利息作为税前减除项扣除,将会切实增加居民收入,显著刺激民众释放出改善住房的需求。

2015年5月8日,国务院批转了发改委《关于2015年深化经济体制改革重点工作的意见》,提出要研究综合与分类相结合的个税改革方案。意见特别提到"完善税前扣除"改革,其中一项重要内容是增加住房按揭贷款利息支出等专项扣除项目。

从中国国情来看,城市家庭最大的经济负担就是住房负担,包括一次性付款买房、按揭贷款买房、租房等。中国社会科学院发布的《中国住房发展报告2015—2016》说,高额的按揭本息使"房奴"紧缩消费、不敢失业,生活水准与幸福指数双下降。购房者实际可支配收入较低,也使社会经济内需不足,产业转型升级乏力。我国住房市场内部结构失衡,外部风险积聚,房地产经济有沦为"房奴经济"的隐忧。因此,出台按揭贷款利息抵扣个人所得税政策,把这些生活必需的住房系列支付从个税中予以抵扣是完全必要的。

前财政部部长楼继伟曾公开表示:"个税改革的方向是将纳税人家庭负担计入抵扣因素,未来征收个人所得税或可与按揭贷款相抵扣。"据估算,对于普通中产阶级收入者而言,若房贷利息可抵扣个税,则可以节省15%～45%房贷利息,从而降低购房资金成本,激活购房投资需求。

在采用"房贷利息抵个税"政策去库存的过程中,要防止政府被开发商牵着鼻子走。"房贷利息抵税"的抵扣范围应当是居住型住房,而不是投资和投机型商品房。也就是说,不是不管有多少套住房,都享受抵扣政策。总之,不能让房地产商在利润高且没有半丝痛苦的过程中去库存,不然,房地产商必然继续绑架政府,让房地产永远有去不完的"库存"。

从国外的实践来看,美国个税征收中对单身、单亲母子、赡养人口支出、个人住房贷款支出等项目都予以扣除,免征个税。在房贷利息抵扣个税扣除额度上,美国分两个层次:一是若你是单身并且没有住房,则你每年可得到一定美元的标准扣除;二是在美国住房抵押贷款利息可以从收入中有所抵扣,当然只限于自住房。

国内外的情况已经证明将自住房贷款利息纳入个税扣除项目势在必行。可以说,房贷利息抵扣个税扣除额与中央提出去库存化在最合适时点上将两者结合在一起,一定会发生一次"核聚变"。

另外,在房地产去库存的过程中,笔者认为,中央银行不应再降息、降准了。目前货币政策已经足够宽松,如果一味地采用"双降"措施来提振经济,估计必然导致大量的廉价资金继续涌入房地产市场,那么去库存就可能无解了,其结果是把当前国内巨大的房产泡沫继续吹大,直到让全国各地的房地产泡沫同时破灭。如果这种情况出现,未来几十年中国经济不堪设想。

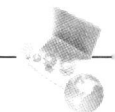

供给侧改革的必要性与措施

供给侧改革势在必行,供给侧改革的方向和措施是这一政策执行的关键。

供给侧改革的必要性

人的需求是不需要刺激的,刺激需求如同对一个吃饱了饭的人还不停地喂消化药,以让他继续吃下去,真是不折不扣的暴殄天物。

有一部电视剧中有这么一个场景:在一家灯火通明却又没有顾客的高档餐厅,从农村来的严奶奶问:"费教授,你说这灯就这么成宿点着不灭,得费多少电啊?那国家都不管管啊?"费教授说:"哟,奶奶,话可不能这么说。这灯还必须得点,只有点了灯,电力工人才能挣着钱,才能买菜买饭,这样呢,农民兄弟又能挣着钱了。"刺激需求,本质上就是一种浪费,但这位费教授却可以将它解读为有利于经济发展。可以说,人类通过"浪费"去挣钱不止是一种错误,而是一种笨拙。

中央"八项规定"出台后,很多高档餐厅、会所都生意萧条,高端礼品也卖不动了。有人从经济学角度发问:都不消费了,国家经济增长如何不下行呢?

政府应在2008年经济困境时,通过放松信贷、刺激消费来应对,用了4万亿元投资、9万亿元贷款,大大加剧了生产过剩的严重程度,造成了当前更大规模的"去产能""去库存"压力,经济下行的趋势已经阻挡不住,实际上是发生了严重的经济危机,这证明从"需求侧"发力制定的对策已经彻底失败。这就是当前政府要由需求侧刺激转向供给侧改革的根本原因。

那么现在从"供给侧"发力,去解决我国面临的经济危机问题,会成功吗?笔者对此持保留态度,我们不能太迷信供给与需求这种"平衡"理论,实际上,它抹杀了生产、消费等经济行为的社会属性。社会属性本身存在各种扭曲供给与需求的力量,如处理不好,生产者照样会生产出大量错误的商品。

因此,笔者认为,改革的核心问题是体制改革,一方面促使资源合理配置,另一方面要阻止社会各种反市场势力扰乱有效供给、真实需求。只有维护好"有效的供给,真实的需求"这个前提,无形之手才能显灵。否则,和从"需求侧"发力一样,供给侧改革仍然是"一枕黄粱美梦"!

供给侧改革的首要措施是减税

有人问笔者到底什么是供给侧改革?在笔者看来,供给侧与需求侧一样简明易懂。通俗一点讲,需求侧改革是中央银行狂印钞票,财政猛收税用于投资,于是就"创造"出了一个旺盛的需求,拉动经济增长,维持繁荣;而供给侧改革就是拉弗曲线,其实就是减税,只有这样,人们才有动力去开办企业,提供产品和服务,简单地说,供给侧就是减税侧。供给侧改革最终也是在创造需求,是在解决需求的问题。

笔者认为,目前供给侧改革首要的措施就是减税,只有通过减税降低企业负担,提升企业的利润空间,让其渡过难关,才是供给侧改革的根本点。"供给侧改革"这种提法来源于20世纪70年代美国的供应学派,该学派反

第六章
大会计视野看宏观经济

对凯恩斯主义。凯恩斯主义的核心是注重需求侧的管理,通过刺激需求达到经济调控目的。

根据决策层对"供给侧改革"的表述,提高全要素生产率是"供给侧改革"的目的。可以说,供给学派最鲜明的特点就是通过减税提高全要素生产率。因此,靠增发基础货币刺激经济的凯恩斯主义的老旧思路必须进行调整。

当然,笔者所言的供给侧改革,主要手段是要减税,但并不排斥货币政策的作用。货币政策能够对经济刺激起到作用,这毋庸置疑。但在当前形势下,笔者认为,没有办法再起到关键性作用。可以说,中央银行至今已经多次降准、降息,这些措施对增加货币供给,减少企业的财务费用和地方政府的还款负担,避免金融风暴的发生,当然会起到正面作用,并且被一再证明在短期内确实行之有效,但也不得不承认货币政策的边际效用正变得越来越低。可以说,目前经济下行就是长期以来应对经济危机时一味地采用宽松货币政策的结果。

目前中国企业税负很重,大量企业根本赚不到钱或者亏损,在这种情况下,尽管市场中存在大量闲置资金,但实体经济却缺乏资金甚至出现了钱荒的情况。可以说,重税极大地消耗了量化宽松的货币政策刺激经济的空间。

可以结合费雪定律来理解。费雪定律的公式是 $MV=PQ$,其中 $M=$ 货币供应量,$V=$ 货币流通速度,$P=$ 商品价格,$Q=$ 商品数量。在 V 不变的情况下,注入 M,也就是量化宽松,可以通过 P 上涨或 Q 增长而刺激经济;但是,在 V 不断降低,或趋近于零的情况下,即便是不断注入 M,刺激经济的效果都将会锐减,甚至还极有可能导致灾难性的恶性滞涨的后果。

目前我国经济已进入新常态,经济增速放缓,财政收入增速呈现下降趋势,政府"钱袋子"变紧,其根源在于企业盈利能力差。应对这种情况,其实,我们的祖先已经给出了方法,《论语·颜渊》中记载,鲁哀公问孔子的门生有若:"荒年收成不好,国库里钱不够,应该怎么办?"有若回答说:"能不能将老百姓的税从20%减到10%呢?"哀公说:"收20%的税,国库里的钱都不够,如果减到10%,那不更惨了吗?"有若再回答道:"如果百姓手中没有钱,国库里又怎么能有钱呢? 如果老百姓手中有了足够的钱,你又何必为国库里没有钱发愁呢?"这其实就是古代版的"拉弗曲线",对百姓施加仁政,实现轻徭薄赋,坚持藏富于民,税收总量才会增加。

美国里根时代的经济政策就带有明显的供给侧改革的色彩,通过大规模减税、放松政府对市场的干预、削减财政开支,迎来了美国经济的一段黄金时期。具体到中国经济,立足于长期经济的增长,就要从供给侧下手,改革的核心是通过降低企业各种税费,增强企业创新能力,提高供给质量与效率,改善供给结构,最终提高全要素生产率。

从供给侧出发,大力减税,就好像给了中国经济一个"发动机",用内力去推动它往前走,这本身就是调整经济结构。

搞供给侧改革并不是要否定需求侧,需求侧是重要的,但它更多的是解决短期问题,属于凯恩斯主义。

近年来,国务院号召"大众创业、万众创新"。笔者认为,该政策的成败要基于供给制改革能否成功,但根本上要基于能否对企业切实减负。目前减税力度还远远不够,必须加快推进新一轮财税改革。针对当前实体经济投资回报率低于利率、税负水平过重、产能过剩严重的现实,要修复做实业的信心,笔者建议要进行如下大手笔减税减负。具体为:

减少流转税。流转税本质上是一种销售收入,是国家按照一定比例从企业分到的销售收入,包括增值税、消费税和关税。流转税对企业是雁过拔毛,这部分税负是不管企业是否盈利,都要交纳的,特别是小微企业,本身就盈利不多,甚至多半亏损,国家就不要在企业所得税减免上多做文章,要动真格,就减半征收流转税,这才是小微企业渴求的优惠政策。

降低"五险一金"交纳比率。企业交纳的五险一金本质上是一种没有税之名的税。国务院副总理马凯曾经说过五险一金占到工资近一半。实际

上,笔者认为,根本不只一半。建议政府用国企利润补充50%数额的五险一金,这个减下来,企业就真正减负甚至"解放"了。

减少个人所得税。个税本质上是一种工资,是国家按照设计的累进比例从职工口袋中分到的工资,只不过扣除了免征额而已。目前个税税率太高,甚至最高高到45%。对劳动征重税本身就是不合理的,至少45%的税率要降到25%以内,不能大于企业所得税。老百姓的口袋中钱多了,自然就敢消费了。

最后,才是减少企业所得税。企业所得税的本质是国家向企业要了25%的干股,而且此干股只分利,不承担亏损。企业所得税属于国家按照一定比例从企业分到的利润。这一块对企业来讲,其实降与不降,不是特别重要,笔者相信,企业赚到了钱,按干股比例给国家纳税是乐意的,也是应该尽的义务。

根据"供给侧改革的思路,我们有足够理由相信,在切实减税之后,将极大地激发普通中国人的企业家精神,成功修复中国经济增长的引擎。从长期来看,不但不会造成财政收入的减少,反而会增加财政收入,让中国真正焕发出全民创业的热情与活力,走上民富国强的良性发展道路。况且,我们的祖先在2 000多年前就如此实践过,我国历朝历代的经验已经告诉我们,只要轻徭薄赋,经济就发展,社会就和谐,人民就幸福。

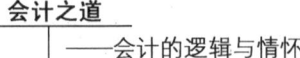

解决养老问题需要延迟退休吗

我国的人口红利正在逐渐消失,老龄化现象越来越严重,劳动力成本也越来越高,解决这些问题正成为我国当局的重中之重。延迟退休是解决这些问题的政策之一,近期延迟退休年龄的政策渐行渐明朗。以下将从宏观和微观两个角度说明延迟退休政策并非解决养老问题的必要之举。

养老金制度是必要的吗

笔者认为,解决养老问题没那么复杂,根本不需要在延迟退休上做文章。其实,享受延迟退休最大的好处可能是的公务员群体,可能谁也不想从公职上退下来。对于辛苦了一辈子的劳苦大众而言,哪一个不想早点退休?真正想解决养老问题应做到如下两点:第一,建立强制储蓄个人账户,采用保本理财方式,推荐优先购买国债;第二,放开计划生育,由下一代再作第二层养老防护。

就目前的政府强制养老保险而言,其隐含前提是政府比个人更擅长管钱,能在未来获得更多的回报再还给你。不过,从运行的结果看来,好像不是这样,相关资料揭示,社会养老金一次性滴漏为30%,管理成本为0.5%,实际上,交由政府管理带来的往往是低效和浪费,未来一定会出现养老金缺

口。到时候,需要支付的养老金超越了社保收入时,政府就只能提高税收,或者提高退休年龄、提高上缴比例,要么就是不断借债,甚至直接印钱。实际上,现在就已经开始制定延迟退休年龄的具体办法了。

养老保险制度是从西方传过来的,为什么西方有这样的制度?原因就是:第一,西方人喜欢寅吃卯粮,储蓄意识不强;第二,西方人家庭观念与中国人不同,独立性强,没有中国子女为父母养老的"孝道"。对于中国人而言,前面的两点理由都不成立,我们在吸收西方制度时要真的懂得"扬弃",要真正考虑国情。

笔者认为,养老金制度作为一个普及性制度对中国而言,必要性不大。但是对于社会弱势群体,也就是对那些失去了自保能力的鳏寡孤独废疾者,社会保险作为一个救济措施是必要的,这个比例应该不会超过 5%,国家有义务提供必要的保障,让他们老有所养。

多交少拿的养老金

以上是从宏观经济角度分析的结果,下面,笔者再从微观上说明养老金制度对个人而言的非经济性。

根据政策,城镇职工基本养老保险账户管理,由社会统筹和个人账户相结合,在养老金交纳比例上,企业交 20%,企业代职工个人交 8%。个人交费的全部 8% 进入个人账户(私户),公司交费的 20% 全部进入了统筹账户(公户)。现举一例进行具体说明。

小王在北京工作,我们以他为例,养老金只有交存了 15 年,退休后才有资格领取养老金,现假定他每月工资都为 5 000 元,那么他每月交纳的养老金为:$5\,000 \times 20\% + 5\,000 \times 8\% = 1\,400$ 元。15 年下来,他养老金将交存 25.2 万元。这样,他退休时可以领取的养老金如下:

月领取养老金＝[(5 000＋5 000×1)÷2×15×1%]＋(5 000×8%)×12×15/139

＝1 268 元

进一步假定小王 25 岁工作,60 岁退休,工作了 35 年。工作不变,工资都是每月 5 000 元,并且与社会平均工资基本持平,这样,他养老金交存了 35 年,那么他退休时可以领取的养老金如下:

月领取养老金＝[(5 000＋5 000×1)÷2×35×1%]＋(5 000×8%)×12×35/139

＝2 959 元

如果小王不交纳基本养老金,每月将 1 400 元存入银行,在年利率 3% 的情况下,到 35 年退休时将累计 100 万元。如果交纳 35 年养老金,退休后每月支取 2 959 元,同样假设年利率 3%,则要领取 50 多年才能相当于退休时的资金额。也就是说小王至少要活 110 岁。

虽然在表面上养老金不算一个税种,但它其实是中国最重的税。在世界通行概念中,只要是强制收钱行为,统统属于"税收楔子",与税收没有本质差异。中国人现行社保缴费占到个人工资的 43.3%,可以说是一笔不小的负担。

金融业的社会成本与社会贡献

金融业在我国当下社会可谓如火如荼,年轻人对金融行业的工作趋之若鹜,没几个年轻人愿意到工厂做工,但是金融业的功过是非谁又算得清呢?

大家觉得金融业是服务于实体经济的,可能会理所当然地认为金融业对实体经济有帮扶作用,甚至认为金融是经济的命脉,并且在很多时候,金融给我们的直观感受也是确实推了实业一把,但笔者觉得,如果金融业规模在经济体中的比重过大,金融业在引发经济波动方面的成本将可能会超过其对经济增长的贡献,甚至对经济发展造成巨大的伤害。再说,要是金融干的都是好事,那么就不可能有金融危机的发生了,而金融危机现在是发生得越来越频繁了,每一次发生,都是对实体经济的伤害和对人民的掠夺。笔者承认自己对金融并没有深入的研究,但笔者相信直觉也是一种洞察事物本质的天赋,下面笔者列示一下金融业的不足。

第一,实体经济发展得好与坏,金融仅仅是一个外因,归根结底还是要看实体经济自身是否健康。如果实体"虚"了,金融之"药"再好也不是最佳解决办法,我认准一个道理,即借钱肯定不是什么好事情。其实,除了对外融资外,实体经济的融资渠道还有一个往往被我们忽视的视角,那就是内源性融资,即企业自身的积累,这才是经济发展的正道。否则,一旦依赖对外融资,遇到经济下行时,银行为了避免坏账,往往采取提前收贷方式从企业抽资,这种"晴天送伞,雨天收伞"的掠夺财富模式将对实体经济发展产生灾难性后果。

第二,金融业利润太高,挤占了私人和企业的利润。2015年全球十大盈利企业,中国独占4家,全是国有银行,工行更是全世界盈利最高的企业,这其实不是什么好事情,金融并不直接创造价值,它的利润太高,实际上主要是利用保护性"存贷差"政策的结果。

第三,过快、过多的信贷增长将会放大市场主体的杠杆率,导致资产价格泡沫的积累,而资产价格泡沫的破灭通常会导致旷日持久的金融危机与经济危机。

第四,所谓的"金融创新",其实就是想尽一切办法吹大资产的泡沫,让最后一个"大傻瓜"承接泡沫破裂的损失。例如,目前很多的所谓互联网金融创新,其结果是上千家P2P企业倒闭,扰乱了经济秩序,给投资者带来了很大的损失。

第五,如果金融业的发展明显脱离了实体经济,那么可能导致金融业为实体经济融资的功能明显削弱,从而形成大量流动性在金融系统内空转,但实体经济融资成本却高居不下的格局。这种局面在中国现阶段已经发生,"降准、降息"以及直接加大货币的投放,造成"流动性过剩"与企业贷款难、融资成本高的现象同时出现。

第六,牛市有可能对经济发展造成伤害。牛市并没有大幅提高直接融资的比重,而牛市的赚钱效应造成的投机炒作将从实体经济中抽走大量资金,如果出现疯牛市,更会使不少企业将信贷资金投入股市,居民在股市投资上加大杠杆,导致经济脱实向虚,实体经济资金不足,贷款难度增大,生产萎缩,最终经济危机爆发。

总之,对于金融业的作用一定要辩证地看待,千万不要无视它在经济发展方面存在的相当程度的危害性,要让金融业回归本源,即认认真真服务实体经济,不要搞"虚头巴脑"的东西,不要变成嗜血的怪兽,甚至变成靠"制造灾难"进行掠夺财富的"妖孽"。

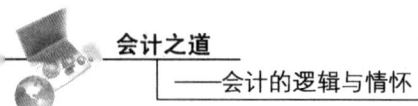

我国需要发行大面值人民币吗

随着经济的发展,货币的面值往往会越来越大,当前,我国需要发行大面值人民币吗?

近年来,网上不时传出我国将发行500元或1 000元大额纸币的消息,虽然中央银行多次出面辟谣,但这类消息仍然层出不穷。其中最主要的理由,居然是相比于世界其他主要货币,人民币以100元作为最大面值显得太小。比如,美元最大面值为100美元,约合620元人民币;欧元最大面值是500元,约合3 400元人民币。笔者不知道到底政府会不会发行500元或1 000元大额纸币,趁着现在还未发行,笔者先表明一下自己的态度:坚决反对任何试图发行大额纸币的做法。具体原因有下面几个方面。

发行大额纸币不利于反腐

以前有一位国家能源局煤炭司前副司长,家里藏了1亿元现金,据现场测量,体积约1立方米。如果没有100元面值的人民币,要是最大面值为10元的话,不知这位司长会如何藏这1亿元的现金,那大约要占10立方米,家

第六章 大会计视野看宏观经济

里真的是要堆成一座钱山,那就太壮观了。因此,为了防止贪官藏钱,请中央银行千万不要发行500元、1 000元面值的人民币!否则,一个拉杆箱就能够轻松地将1亿元拎走。笔者甚至想建议中央银行,最好让100元面值的人民币退出市场,一方面可以增加贪官在家里藏钱的难度,另一方面也增加了行贿人送钱的难度,试想想,要是送100万元,估计几麻袋都装不下吧,敢情送礼的人还得到路边找两民工,"一人给二百块,帮我把麻袋扛进去"。先请大家别笑话笔者的建议,其实在已经基本普及电子支付并且现金支付越来越少的今天,笔者的建议并不幼稚更不天真,是具有可操作性的。

发行大额纸币不利于对企业间交易的监控

虽然我国曾经有过"单位之间的往来超过结算起点人民币1 000元以上的一律通过转账结算"的相关规定,但企业之间现金化交易成为常态。企业之间大额现金交易,不利于国家掌握企业现金流的真实情况,也不利于国家根据现金流监测税收的有效征收。相反,发行大额纸币,将助长企业间的不正常交易行为,易于让企业间的交易在政府监控之外进行,为企业实施逃税甚至洗钱等违法活动提供可乘之机。

严控企业的现金交易,将促使企业更多地使用支票、汇票、本票、电子银行等支付方式,这样资金使用就有了清单和痕迹,便于监控。有利于防止单位私设小金库、隐藏收入、虚列支出甚至洗钱等行为的发生,也有利于减少现金使用上的安全隐患。

国家税务总局正在推动"电子发票"工作,可以肯定地讲,未来企业之间的现金交易将受到严控,在企业交易电子化的方式下,任何主张发行大额纸币可以降低货币流通成本、减少流通环节的时间、提高效率的说辞,都不值

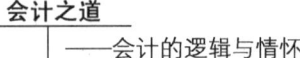

得一驳。

如果国家真正做到了严控企业间的现金交易,以前就不会出现山西的煤老板扛上几麻袋的现金到北京炒房的怪事,这要在西方国家是不可想象的,甚至可以当场报警。

发行大额纸币与电子支付的发展趋势相悖

2015年,李克强总理首次提出"制定'互联网+'行动计划,推动移动互联网、云计算、大数据、物联网等发展,促进电子商务、工业互联网和互联网金融健康发展,鼓励进行电子支付。现在不要说单位人员发放工资已不用现金,直接打进"银行卡";人们在网上购物,也已经习惯了微信支付、支付宝支付、银联转账支付等电子支付方式,就是人们直接去商场购物消费,大家都已经习惯于"刷卡"而不用现金了。实际上,纸币是否大额真的一点都不重要了。可以这么来进行理解,在电子支付的时代,每支付一笔就相当于发行了该笔金额面值的人民币,如支付1万元,就相当于用面值人民币1万元的纸币支付,与有没有真实存在1万元面值的人民币已经没有一点关系了。

所以,无论是大面值人民币还是小面值人民币,对单位也好,消费也罢,都只是个数字,人民币的大与小已无实际意义了。从这个角度来看,发行与不发行大面额人民币都是一样的,根本没有任何影响,只是一个数字罢了。

不过,现实很残酷,著名经济学家茅于轼教授曾经连发三条微博呼吁发行500元面额人民币,他最大的理由是,人民币面额太小,增加了约为10亿元到20亿元交易费用。要笔者说,如果采用电子支付,交易费用基本上趋于零,估计茅教授是岁数太大了,不习惯使用银行卡,更不习惯使用支付宝和微信钱包,才会说出此言。

不管茅教授如何说,笔者相信,随着支付观念的改变,越来越多的人和

企业将更愿意采用非现金付款方式,使用银行卡、储值卡、支票、本票、汇票等支付,不但支付便利,还能减少假币、残币等问题。总有一天,人类连纸币都不再需要了,全部通过电子货币的方式解决。

马克思说:"货币是任何一种计价单位、交换媒介和价值贮藏手段而被普遍接受的东西。"电子货币也完全可以是任何一种计价单位、交换媒介和价值贮藏手段被普遍接受的东西。货币就是解决货币的事情!

总之,严格限制现金尤其是大额现金的使用,既有利于压缩权钱交易的空间,从根本上遏制和减少以现金支付为手段的各类腐败犯罪,也可以有效减少社会上的现金流通量,在一定程度上遏制通货膨胀的发生,还与"互联网+"宏伟蓝图相符,希望中央银行不要发行大额面钞。

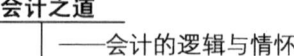

猪肉与经济学家

猪肉是我国大部分居民的生活必需品。一日三餐有猪肉则食无忧;一周七天无猪肉则生活堪忧。

笔者常常调侃道,在中国,要想成为顶级的经济学家,可能要整天与猪睡在一起。因为只要CPI一有风吹草动,有些经济学家就爱拿猪肉说事儿。其实,那些因猪肉价格上涨快而大喊"通货膨胀狼来了"的经济学家需要更新自己的常识,在CPI构成中猪肉权重占比仅仅不过3%,它的涨涨跌跌有什么大惊小怪呢?供求关系是也。

商品价格是由需求和供给决定的,笔者认为,目前猪肉价格上涨的主要原因不是想吃猪肉的人多了,而是猪肉供给少了。前几年,养猪的人亏得就像他们自己养的一只只"呆猪"(注:非散养的猪被笔者称为"呆猪",非散养的鸡被笔者称为"木鸡"。),亏伤了,就不养了,供给自然就下来了。而猪肉的需求弹性并没有什么变化,因此,猪肉供给减少,价格就上来了。

根据农业部的相关信息,2015年5月4 000个监测点生猪存栏环比降0.2%,同比降9.8%,能生小猪的母猪存栏环比降1.2%,同比降15.5%。一般而言,生猪生产周期为10个月左右,监测数据说明未来一段时期市场猪肉供给将持续下滑。而且,当前生猪养殖的劳动力及饲料成本都有较大

提高。供给减少的同时养殖成本反而增加了,猪肉价格能不上涨吗?

某著名经济学家曾经在其博客中表示,猪肉价格的上涨和改革开放以来我国历史上经历的四次通货膨胀一模一样,其根源都是货币扩张。笔者反对他的观点,如果猪肉价格上涨真是货币发多了造成的,为何猪肉价格在2015年上半年内猛涨了30%后,其他农产品价格却只是小幅度上涨呢?因此,对猪肉的涨跌还得从"供需关系"上来找原因。一头猪何德何能,以致能与我国历史上经历的四次通胀一模一样。要不,请问问猪,它一定会喊冤:"臣妾做不到啊!"

另外,还有经济学家认为,由于猪肉价格上涨,建议国家改变当前宽松的货币环境。这真的是太高抬这些猪们对通货膨胀的警示作用了吧。更为可笑的是,曾经A股的暴跌也被某些经济学家归咎于猪肉价格上涨。你们怎么能这么冤枉猪、欺负猪,总拿猪来说事?

实际上,近年猪肉价格上涨是对近两年多来"猪贱伤农"的修复,猪肉价格实现了"理性的回归"。它是市场的一种自身修复行为,在当前M2增速低于12%目标值的情况下,根本就没必要放弃货币政策的偏松操作。在经济下行压力仍然存在的情况下,紧缩的货币政策更是不可取的。

货币政策说到底是一种影响总需求的政策,它无法管理供给。猪肉供给少了,不会因为货币宽松而增加,也不会因为货币紧缩而减少;同时,因为人们对猪肉具有需求刚性的特征,人们也不会因为中央银行紧缩货币而少吃猪肉,更不会因为中央银行宽松货币而多吃猪肉。

因此,中央银行的货币政策就不要错位地去管猪肉的价格了,不然,货币政策就干脆改为猪肉政策了。要想猪肉价格降下来,只要想方法加大供给,问题就可以得到解决了。

猪肉其实就是猪身上的肉。笔者知道一些经济学家可能都有吃猪肉的习惯,但吃归吃,不要总拿猪来说事,特别是不要夸大猪的经济学效用,其实它只是一头猪而已!

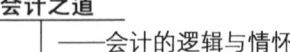

债转股的资产负债表观

从资产负债表角度可以很好地阐释债转股归。

截至2016年2月末,银行业金融机构不良贷款余额逾2万亿元,比年初增加近1 500亿元,同比增长近35%;不良贷款率为2.08%,告别"1"字头。突然冒出这么多不良贷款,怎么办啊?债转股!据可靠消息称,首批债转股规模为1万亿元,预计在3年甚至更短时间内化解1万亿元左右规模的潜在不良资产。

从上述1万亿元债转股的计划中,至少可以推测出:①实体企业与银行之间的债务链,可能比我们想象的,绷得更紧;②银行的不良贷款率上升,也可能比我们想象的要严重,可能存在大量披着正常、关注类外衣的不良贷款。

笔者认为,债转股在本质上是一种资产负债表运动,即银行将债权换成股权,企业将债务转为资本。具体表现为:银行将"贷款"科目换为"可供出售金融资产"科目;企业将"长期借款"科目换为"股本"科目。银行和企业的财务报表就双双"靓丽"起来了,一个"降低"了不良贷款率,将贷款从资产负债表的信贷栏上抹去,避免其成为不良贷款,盈利不会受影响;另一个去了杠杆,降低了资产负债率,再没有沉重债务负担,减轻了经营压力。

从常识出发,如果企业借钱不能按时还本付息,银行即使将其债权转为股权,也无法从中获益,拿不到投资回报,本质上,银行的不良资产还在那里,如果换个会计科目掩盖一下,就说不良资产没了,是自欺欺人。对企业而言,无疑是天大的好消息,债转股后,再也不用为还本付息发愁了,可能会使得这些高负债企业像打了鸡血一样继续"瞎搞"。

这种做法,基本违背了正常经济的"优胜劣汰"规则,而是逆向淘汰。有了债转股作为后盾,亏损企业可能不再拼命努力将企业扭亏转盈,大不了放贷放成股东。可以说,在某种程度上债转股会降低社会整体资源配置效率,不利于压缩过剩产能和结构调整,也难以实现债转股后企业经营状况的真正改善。

其实债转股在20世纪90年代末国企脱困过程中,时任国务院总理的朱镕基曾经使用过,当时将四大银行1.4万亿元不良资产剥离,与目前唯一的区别是当时由财政兜底组建四大资产管理公司,收购银行的不良资产,把原来银行与企业间的债权债务关系,转变为金融资产管理公司与企业间的控股(或持股)与被控股的关系,曲线解决银行债转股问题,可以说90年代末搞的是政府主导型债转股。而这一次,国家估计是以"其他规定除外"这一条,突破《商业银行法》不允许银行持有企业股权的规定,允许商业银行将企业的不良贷款直接转换为商业银行对企业的股权,是谓银行主导型债转股。

看起来债转股很神奇,化解了银行不良资产,企业不欠债,银行也没有坏账。实质是这个不良资产只是从姓"债"变成姓"股"而已,并没有最终化解这些烂账,因而还需要从根本上解决坏账。